差がつく練習法

卓球 渡辺勝男式 多球練習

著 渡辺勝男 丸善クラブ監督

INTRODUCTION
はじめに

ボールをたくさん打たせることが大切

本書では、私が指導をする丸善クラブで実際に行っている多球練習のメニューを、すべて掲載しています。

なぜ、私が多球練習に重きを置くかというと、特に卓球をはじめたばかりの幼少期には、感覚的な部分がすごく大切になるため、ボールをたくさん打たせることが大事だと考えるからです。そこで、１本打ってはボールを拾って……とやっていたのでは効率が悪く、卓球に必要なリズムも養うことができません。多球練習であれば、ミスをしても練習を続けることができ、卓球に必要な技術やリズムをしっかりと覚えていくことができます。

また、指導をするうえでは、指導者の卓球に対する考え方も大切になってきます。そこがしっかりしていなければ、子どもたちは良い卓球ができるようになりません。指導者の方は、子どもたちにどういう卓球を教えたいのか、どういう風に試合を戦わせるのかなど、軸となる考え方を持って指導に当たってほしいと思います。

そのうえで、本書を参考にして、多球練習に取り組んで頂ければ幸いです。

まずは第１章で基礎となる技術を紹介したのち、第２章・第３章で丸善クラブでベースとしている２つのコースを掲載しています。

渡辺勝男

INDEX
目次

第３章　技術と技能を身につける

第４章　攻撃後の対応と打ち分け

第５章　上達のための土台づくり

第６章　指導者に向けて

＊Ｆ＝フォア、Ｂ＝バック

本書の使い方

本書では、写真や図、アイコンなどを用いて、一つひとつのメニューを具体的に、よりわかりやすく説明しています。やり方やコート図を見るだけでも、すぐに練習をはじめられますが、写真によるポイント解説や、アドバイスなどを読むことで、練習への理解度を高めて、より効果的な練習にすることができます。普段の練習に取り入れて、上達へ役立ててみてください。

▶身につく技能が一目瞭然

著者が大事にしている“5つの技能”のうち、練習で身につけられる技能と難易度をアイコンで表示。自分に適したメニューを見つけて、練習に取り組んでみましょう。

▶著者からのアドバイス

練習メニューのポイントに限らず、選手が練習に取り組む姿勢や指導者に向けた指導理論など、著者が長い指導歴の中で培った熱いアドバイスを紹介します。

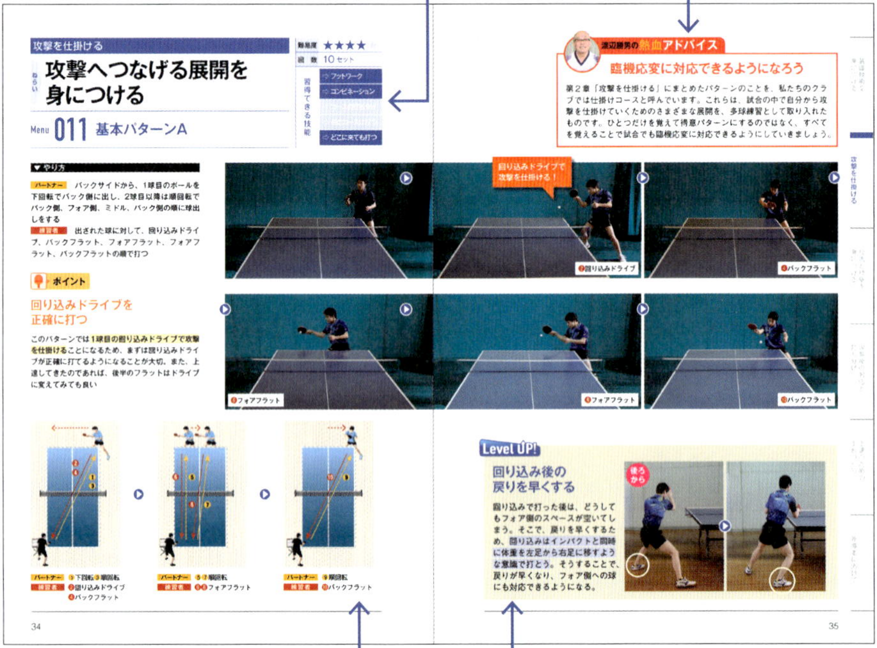

▶練習の順番を確認

パートナーの球出しから練習者の打球まで、コート図を使って1球1球がどのような展開になるのかを掲載。順番を把握することで、よりスムーズに練習に入れます。

▶ステップアップのコツ

練習をより効果的にするエッセンスを写真付きで紹介。上達のためには欠かせない大切な要素を記しているので、練習中に意識することで自身のステップアップに生かしましょう。

第１章

基礎技術と技能を学ぶ

多球練習をはじめる前に、
まずは基本となる技術と５つの技能について紹介していきます。
どれも卓球を続けるうえで必要となる技術（技能）なので、
ポイントをチェックして後の上達へとつなげていきましょう。

ねらい

ラケットの持ち方や正しい構えを学ぶ

Menu 001 ボールを打つ前に…

グリップ

フォア
薬指と小指でグリップを握り、親指はグリップ上部にかける

バック
人さし指を自然にラケット面に添えて、親指は立てない

力を入れすぎずに手首をフリーに

ラケットを持つときに大切なのは、薬指と小指の2本の指でグリップ部分を握ること。実際は中指もグリップにかかるが、中指まで力を入れると手首が硬くなってしまうので、添える程度にする（写真上）。また、グリップでもラケット面に近い上のほうを持つと、面が固定されてしまうので注意が必要だ。そうしてラケットを持ったら、親指の第一関節をグリップ上部の出っ張りに引っかけるようにして、人さし指は自然な形でラケット面に添える。大切なのは、手首をフリーにしておくことで、硬くなるとフォアとバックの切り返しに支障が出てしまう。

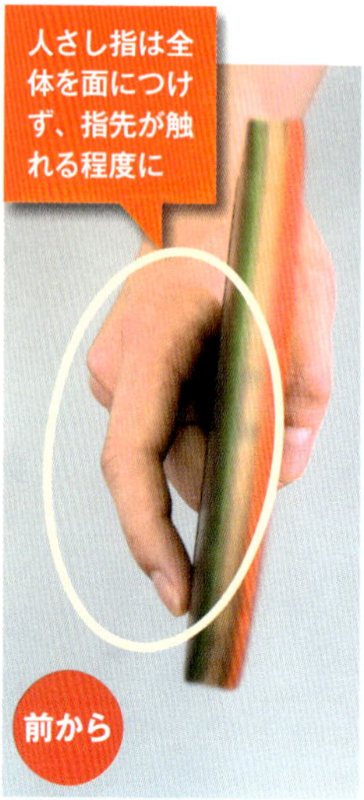
人さし指は全体を面につけず、指先が触れる程度に
前から

上から
親指と人さし指のVがラケットの側面にくる

人さし指は指先を添えるだけ

正しいラケットの持ち方を正面から見た場合（写真左）、人さし指全体がピッタリとラケットにくっついていないのがわかる。指の腹全体をラケットにつけてしまうと、これも手首が固まる要因になってしまう。また、上から見た場合（写真右）は、ラケットの側面に親指と人さし指の間の「V」ができていて、腕とラケットが一直線になっている。ラケットがフォア側やバック側に傾くと、両ハンドを同じように扱えなくなるので注意しよう。

姿勢・スタンス

前から
足はカカトを内側に向けて、太ももに力を入れて踏ん張る

横から
前傾姿勢を取り、ヒジを前に出して懐を深くする

カカトを内側に向けて下半身を安定させる

構えで一番大切なのは、下半身を安定させること。そのためには、つま先が内側を向いていたのでは腰が安定せず、逆に外側に大きく開きすぎていても左右に動きづらくなってしまう。自然な形でカカトを内側に向けて立ち、太ももに力を入れて踏ん張ることで安定した姿勢をつくることができる。下半身が安定したら、上半身は少し前傾し、ヒジを前に出して懐を深くすること。懐が深ければ、バックハンドでのバックスイングがスムーズになって上手に振ることができるようになる。

バランス

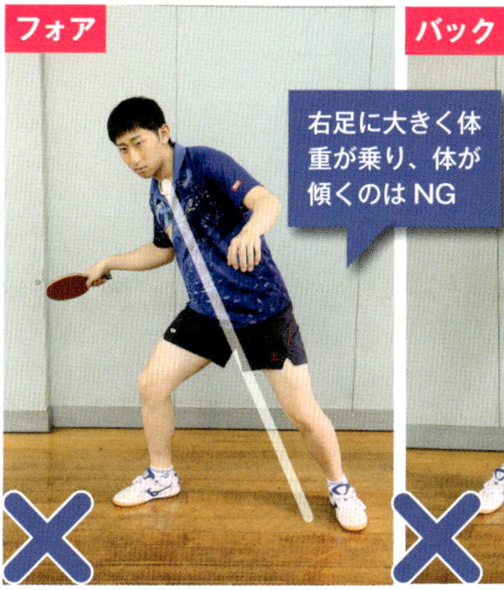

フォア
右足に大きく体重が乗り、体が傾くのはNG

バック
左足に大きく体重が乗り、軸がブレてしまっている

体の軸がブレてしまうのはNG

フォア・バックのどちらで打つ場合でも、左写真のように体が左右どちらかに大きく傾いてしまうのはNG。シェイクでの卓球は両ハンドを素早く切り返しながら打つ必要があるため、左右に大きく傾くと対応が遅れてしまう。姿勢は常に左右対称を意識して、コンパクトな動きで打っていこう。

ねらい 正しくフラットを打つ①

Menu 002 フラット（フォア）

姿勢やスタンスの基本通りの形で構える

バックスイングを開始しながら、腰を入れる

バックスイングを取りながら、ボールをできるだけ引きつける

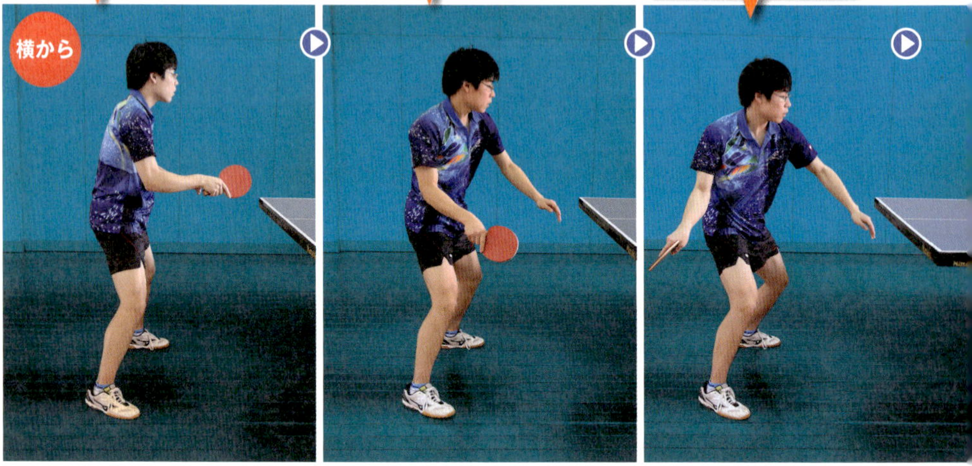

渡辺勝男の熱血アドバイス

フラットは卓球の基本!

フラットとは自然な順回転のボールを打つ基本的な打法で、試合に出たいと思ったら、まずはフラットを何百回と続けられるようにしなければならない。それくらい基本的で、大事な打ち方となる。バックスイングを取りながら、できるだけボールを引きつけて、後ろから前へとスイングする。また、ラケットはインパクトまでは正面を向ける気持ちで、ボールのやや上をインパクト。打球後に、ラケットをボールに少しかぶせるように意識すると自然な順回転がかかる。

ラケットを正面に向けたままで、ボールの少し上をインパクト

インパクト後にラケットをかぶせる意識を持つと順回転がかかる

左ヒザを閉じたままで体を開かない

ねらい

正しくフラットを打つ②

Menu 003 フラット(バック)

ヒジを前に出して、バックスイングがしやすいように懐を深くする

バックスイングを取りながら左足に重心をおく

ボールを引きつけながら、小指を内側に向けてラケット面の角度を変える

渡辺勝男の熱血アドバイス

ヒジを前に出して、バックスイングを取りやすく

バックフラットで大切なのは、バックスイングをしっかり取ること。そのためには、正しい姿勢（P9参照）でヒジを前に出していないと、懐が浅くてラケットが引けない。そして、フォアと同じようにボールをできるだけ引きつけながら、小指を少し内側に向ける意識でラケットの角度を変える。ヒジを支点にしたスイングで面を正面に向けてインパクトしたあとは、少しずつ面の角度を変えてかぶせるように。急に角度を変えるとボールに当たらずミスになるので注意。

ヒジを支点としたスイングで、インパクト時はラケットが正面を向く

インパクトまでは面の角度を急に変えず、インパクト後にかぶせるように

体を前に流さずに止める

ねらい

正しいミート打ちを覚える

Menu 004 ミート打ち（スマッシュ）

フォア

フラットと同じように基本の構えからバックスイングを取りはじめる

腰を「グッ」と入れることで力をタメて、できるだけボールを引きつける

バック

渡辺勝男の熱血アドバイス

コンパクトで強いスイング

主に下回転の球に対して、叩くように打つことでスピードのある打球を生むミート打ち。打ち方は基本的にフラットと同じだが、バックスイングでグッと腰を入れて力をタメたら、ボールを引きつけてフラットよりもコンパクトなスイングでインパクトへ一気に力を入れて振っていく。そして、打球が浮かないようにラケットをかぶせてフォロースルー。腰を入れるという感覚は、他の人の腰に手を添えて素振りをしてもらうとわかりやすい。バックスイングに向けて腰を回転させる中で、少し腰が落ちるような場所が腰が入るところになる。そこで力をタメて力強く振っていこう。

バックスイングから一気に力を入れて、後ろから前にスイング。引きつけたボールを叩く
ボールが浮かないよう、面を上にかぶせるようにフォロースルーを取る

ねらい

フォアとバックのドライブを覚える

Menu 005 ドライブ

後ろではなく、下へ引くイメージでバックスイングを取りはじめる

ヒザの屈伸を使って、インパクトに向けたパワーをタメる

渡辺勝男の熱血アドバイス

下から上へのスイングで回転をかける

フラットが後ろから前へと水平に近いスイングだったのに対して、ドライブは下から上にスイングすることでボールに強い上回転をかけていく。また、そのときにヒザの屈伸を深く使って力をため、ヒザを伸ばすと同時に上へのスイングと合わせてボールをこする。バックドライブでは、バックスイングを横ではなく下に引くイメージで、股下くらいまでラケットを引くこと。上級者は水平に近いスイングでもドライブを打てるが、最初はこのポイントを踏まえることで覚えやすくなる。

ヒザの屈伸と下から上へのスイングでボールをこすって上回転をかける

フォロースルーではラケットをかぶせて、ボールが浮くのを防ぐ

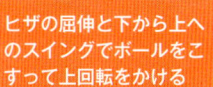

ねらい

フォアとバックのツッツキを覚える

Menu 006 ツッツキ

ラリー中のツッツキは右足を出さず、構えの位置からラケットを引く

ラケットは最初から水平にしないで、壁をつくるイメージを持つ

渡辺勝男の**熱血**アドバイス

長く打てば攻撃にも使える技術

ツッツキは下回転に対して下回転で返す技術だが、単に安全に返すことが目的というわけではなく、エンドラインギリギリを狙った長いツッツキは攻撃にもなる。ポイントは下回転をかけるからといって、**最初からボールの下を切りにいかない**こと。インパクトに向けては**壁をつくるようにラケットを垂直にして、そこからボールの下を切る**ことで打球が浮くのを抑えられる。また、長く打つときはフォロースルーも長くしてボールを送るようなイメージを持つと良い。

インパクトでボールの下をとらえて下回転をかける

エンドラインを狙って長く打つ場合は、フォロースルーも長く取る

ねらい

フォアとバックのフリックを覚える

Menu 007 フリック

踏み込む前の時点では
バックスイングを取らない

右足を踏み込み、ボール
を引きつけながらバック
スイングを開始

渡辺勝男の熱血アドバイス

甘くなったサーブをフリックで攻撃

短く出されたサーブに対して、払うようにして若干の上回転をかけて返すのがフリック。厳しい球に対してはツッツキのほうが安全だが、フリックは甘くなったサーブに対して攻撃をすることができる。踏み込む前からラケットを引くとスイングが大きくなるので、踏み込んでからバックスイングを取ってコンパクトに振っていくこと。また、手首の角度を変えればストレートとクロスに打ち分けられるバックフリックと違い、フォアフリックは距離の短いストレートに打つとミスになりやすいので注意。

コンパクトなフラットを打つように後ろから前にスイングする

ボールの少し上をとらえて回転をかけ、フォロースルーでラケットをかぶせる

ねらい

台から離れた位置でドライブを打つ

Menu 008 ロングドライブ

基本的な打ち方はドライブと同じ。下に向けてバックスイングを取る

台から離れているため、打球に合わせて通常よりも低い姿勢になる

渡辺勝男の熱血アドバイス

距離を出すには、ボールを引きつけて捕まえる

ロングドライブは台から離れて相手とドライブを打ち合うケースが多く、相手の打球にスピードがあるのであまり大振りすることができない。一方で、台と離れた場所から入れるためには、距離を出さなければいけない。そこで、できるだけボールを引きつけることが大切になる。ボールを捕まえておいてから、コンパクトなスイングで下から上へと振って回転をかけていこう。また、台から離れた位置でバックハンドを打つことはないため、ロングドライブはフォアのみの技術となる。

できるだけボールを引きつけてから、下から上へスイングする

ボールをこするようにインパクトしたら、ラケットをかぶせる意識を持つ

ねらい バックハンドのプッシュを打つ

Menu 009 プッシュ

足を入れかえるように軽くステップを踏む

ラケットを後ろ（手前）に引くようにバックスイングを取る

渡辺勝男の熱血アドバイス

度胸がないと試合では使えないショット

ペンホルダーでよく使われるプッシュを、シェイクハンド流にアレンジした打ち方。例えば、相手がブロックをして甘く返って来た球に対して、バックハンドで振りにいけない場面などで使われる。前に踏み込んでから、ラケット面を後ろから前に押すようにしてインパクトすることで強い打球となる。ただし、球足が伸びて長いボールになってしまうことから、決定打にはなるが度胸がなければなかなか打つことができない。

ラケット面を正面に向けたまま、押し出すようにしてインパクト

球足が長いので、アウトしないようにしっかりとコントロールする

ねらい

バックブロックを打つ

Menu 010 ブロック

先にラケットを出して当てるだけの打ち方はNG。しっかりとボールを引きつける

ボールを引きつけつつ、ラケット面を正面に向けて壁をつくる

渡辺勝男の熱血アドバイス

壁をつくって反発させて返す

プッシュがラケット面でつくった壁を前に押し出すようにして打つのに対し、ブロックは壁をつくってそのまま当てるイメージ。相手が強打してきた場合に合わせたり、そこからカウンターしたりして攻撃のチャンスをつかむ。ポイントは、自分もしっかりと止まって、相手の強打に負けないようにラケットで壁をつくって打つこと。また、フォアのブロックは小さい頃に覚えさせると、フォア側では何が来てもブロックを打つようになってしまうため、丸善クラブでは教えていない。

相手の打球に合わせて、ラケットを当てにいくイメージ
カウンターを狙う場合は、必ず相手が打って来たところに返すこと

身につけるべき「5つの技能」

ここまでに紹介した技術に加えて、5つの技能を身につけることが、卓球をするうえでとても大切だと本書では考えています。では、その"5つの技能"とはどういったものなのか。それぞれをくわしく説明していきます。またこれらの技能はどの練習を行えば身につくのか、各練習メニューに表示しているので（P6参照）参考にしましょう。

skill 1 動いて打つ（フットワーク）

卓球で基本となる動きが、右の表にある7つのフットワークとなる。初心者は、まずこの7つのフットワークを、これから紹介する多球練習の中で身につけていけば、試合でも自然と来た球に対して動けるようになる。また、卓球においては、動いて打球のリズムをつくることが大切で、フットワークがバラバラでは打球のリズムも狂って、ミスになることも増えてしまう。そのためにも、1つの技術だけを動かずに打ち続けて練習するのではなく、フットワークを使いながら打つことが大切だ。

1	フォアの回り込み
2	フォア・フォアのフットワーク（左右）
3	バック・フォアのフットワーク（左右）
4	フォア・バックの切り返し（左右）
5	フォア・フォアの前後のフットワーク
6	バック・フォアのツッツキ（前後）
	バック・フォアのフリック（前後）
7	フォアハンドの飛びつき

skill 2 技と技をつなげる（コンビネーション）

例えば、練習してフラットが打てるようになり、次にドライブが打てるようになったとする。しかし、その2つの技術を身につけたからと言って、フラットを打ったあとにドライブが打てるとは限らない。ドライブだけを打つのと、フラットの後にドライブを打つのとでは、体の使い方など動きが変わってくるからだ。そこで、多球練習を通じて、いろいろなパターンを練習することで、技と技を一連の動きの中で使えるようにする（コンビネーション）ことが大切になる。

skill 3 ボールをコースに打ち分ける

バックサイドからフォアハンドとバックハンドで、クロス、ミドル、ストレートの3コースに打ち分けることと、フォアサイドからフォアハンドでクロス、ミドル、ストレートの3コースに打つことができれば、大体がどこからでもコースの打ち分けが可能となる。特に、初級者などの子どもは、ミドルを試合で使わないことが多いが、上級レベルになれば多用されるコースのため、意識して打ち分けられるようにしておく必要がある。

1	バックサイドから、クロス・ミドル・ストレートにフォアハンドで打つ
2	フォアサイドから、クロス・ミドル・ストレートにフォアハンドで打つ
3	バックサイドから、クロス・ミドル・ストレートにバックハンドで打つ

skill 4 どこにボールが来ても打てるようにする

これも多球練習をしていくうえで、自然と身についてくる技能だ。多球練習を限られたパターン数でやるのではなく、多くのパターンをまんべんなく練習することで、どこにボールが来ても打てるようになる。ランダムの配球で練習が行われるケースもあるが、上級者ならともかく、初級者・中級者レベルでは、コースに対応しようとするあまり、体の使い方がバラバラになってしまいがち。多球練習のパターンを数多くこなすことで、どこにボールが来ても打てるようにすると良い。

skill

5 ボールが来た逆のコースに打つ

例えば、相手がクロスに打ってきた球をストレートに返球するなど、コースを変換するのが「逆のコースに打つ」ということになる。クロスに打ってきた球をクロスに返すよりも、ストレートに打つほうが難易度は高いため（P111参照）、多球練習のパターンの中で、下表にあるコース変換の際の感覚を養っておく必要がある。

また、同じ技術（例えばドライブ）でも打つ方向によって、打ち方は少しずつ変わってくる。そこで、練習しておかなければ試合で打とうとしても、安定せずにミスの確率が増えてしまうのだ。コースを変えるということは、自分から仕掛けるという意味合いもあるので、ポイントを取るためには、ある程度は難易度の高い技術でリスクを負って攻めていこう。

1	相手のフォアサイドからストレートに来たボールを、回り込みからフォアハンドでクロスに打つ
2	相手のフォアサイドからクロスに来たボールを、フォアサイドに動いてフォアハンドでストレートに打つ
3	相手のフォアサイドからストレートに来たボールを、少しバックサイドに動いてバックハンドでクロスに打つ
4	相手のバックサイドからクロスに来たボールを、回り込みからフォアハンドでストレートに打つ
5	相手のバックサイドからストレートに来たボールを、フォアサイドに動いてフォアハンドでクロスに打つ
6	相手のバックサイドからクロスに来たボールを、少しバックサイドに動いてバックハンドでストレートに打つ

第2章

攻撃を仕掛ける

この章では、試合中に自分から
攻撃を仕掛けていくことを想定した多球練習を中心に紹介します。
まんべんなく行うことで、
クセをつけずにどんな状況からも先手を取れるようにしましょう。

多球練習をはじめる前に…

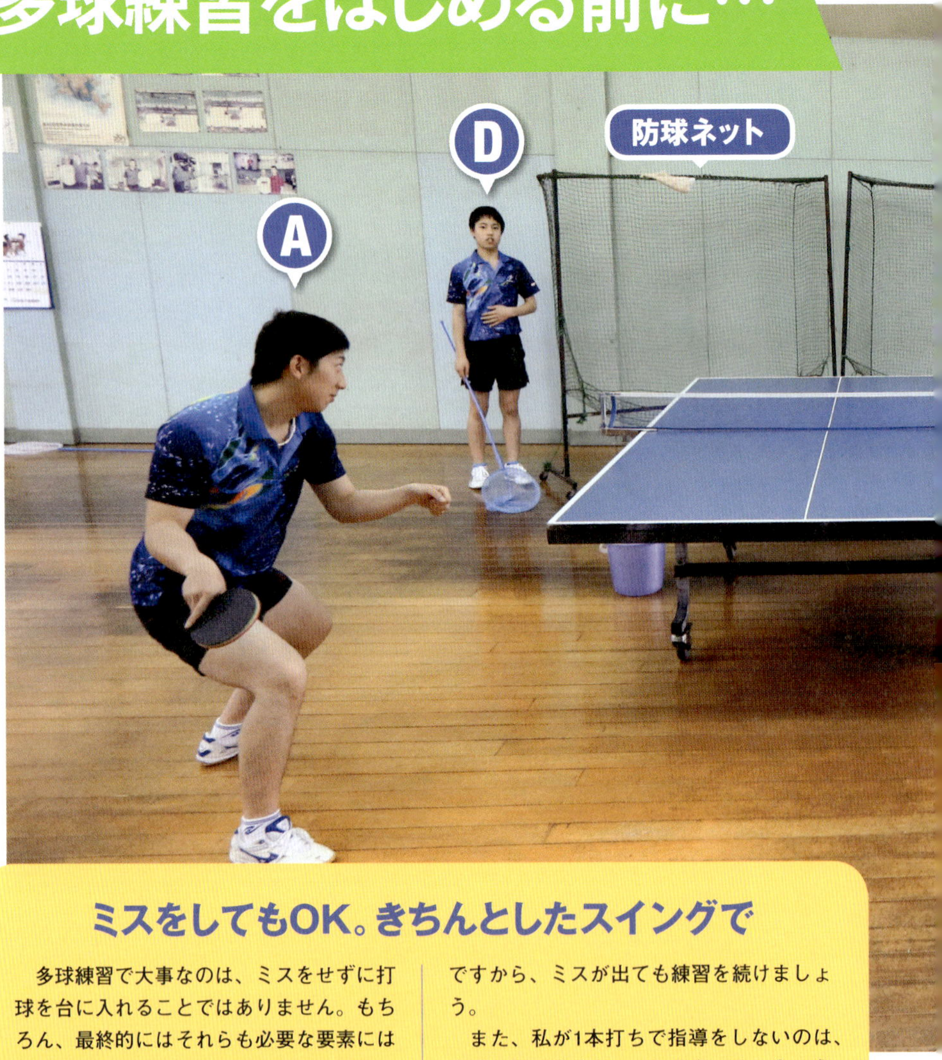

ミスをしてもOK。きちんとしたスイングで

多球練習で大事なのは、ミスをせずに打球を台に入れることではありません。もちろん、最終的にはそれらも必要な要素にはなってくるのですが、技術や技能を覚えていく過程で大事なのは、良いスイングで打つことです。良いスイングが身についてくれば、自然とミスも減り、打球も台に入るようになってきます。ですから、指導者の方もミスをしたことに対して注意するのではなく、どうしてミスをしたのかを注意して見てあげてください。多球練習の良さは、1球打ったら球を拾いに行く1本打ちではなく、ミスをしても続けて打てることなのですから、ミスが出ても練習を続けましょう。

また、私が1本打ちで指導をしないのは、卓球の幅が狭くなってしまうから、という理由があります。1本打ちでは、続けてボールを打たないために限られた技術しか身につけられませんが、多球練習ならば、どんな技術も練習することが可能です。どこからでも打てる、どこへでも打てるというのが私の理想のため、技術の範囲が狭い1本打ちは行っていません。多球練習を通じて、より実戦に役立つ卓球を教えてあげてください。

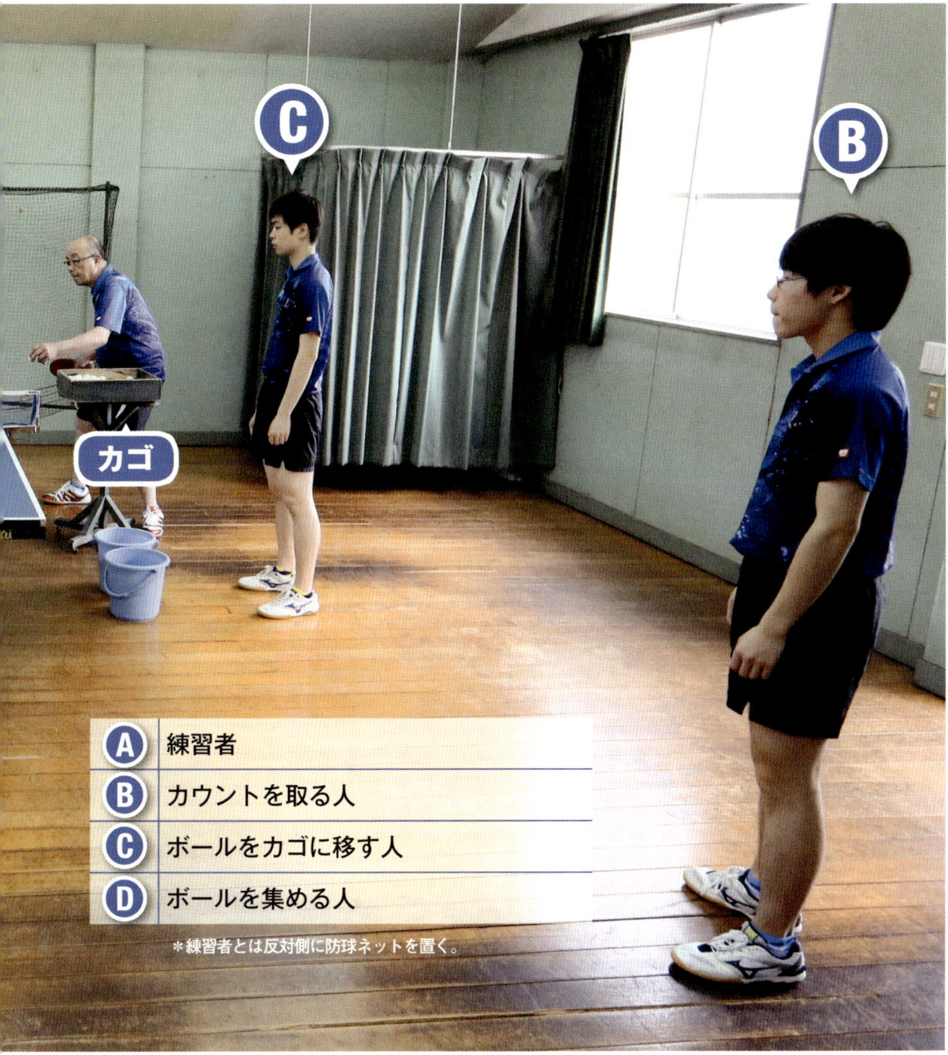

＊練習者とは反対側に防球ネットを置く。

4人1組で練習するのが効率的

指導者が自ら球出しをして多球練習を行う場合、大勢の選手を見てあげるためにも4人1組で構成するのが望ましい。まず練習を行う選手がいて（A）、もう1人は多球練習のセット数をカウントする人（B）。残りの2人は防球ネットにたまったボールや床に落ちたボールを集める人（D）と、球出しする人の前に置いてあるカゴにボールを入れる人（C）の4人となる。この4人でローテーションしながら行うことで、多球練習を効率良く、スムーズに進めていくことができる。

攻撃を仕掛ける

ねらい

攻撃へつなげる展開を身につける

Menu 011 基本パターンA

難易度 ★★★★

回数 10セット

習得できる技能
- ⇨ フットワーク
- ⇨ コンビネーション
- ⇨ どこに来ても打つ

▼ やり方

パートナー バックサイドから、1球目のボールを下回転でバック側に出し、2球目以降は順回転でバック側、フォア側、ミドル、バック側の順に球出しをする

練習者 出された球に対して、回り込みドライブ、バックフラット、フォアフラット、フォアフラット、バックフラットの順で打つ

❻フォアフラット

ポイント

回り込みドライブを正確に打つ

このパターンでは**1球目の回り込みドライブで攻撃を仕掛ける**ことになるため、まずは回り込みドライブが正確に打てるようになることが大切。また、上達してきたのであれば、後半のフラットはドライブに変えてみても良い

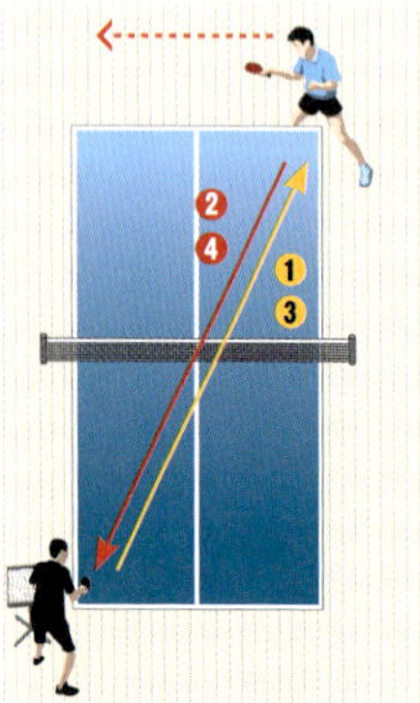

パートナー ①下回転③順回転
練習者 ❷回り込みドライブ
❹バックフラット

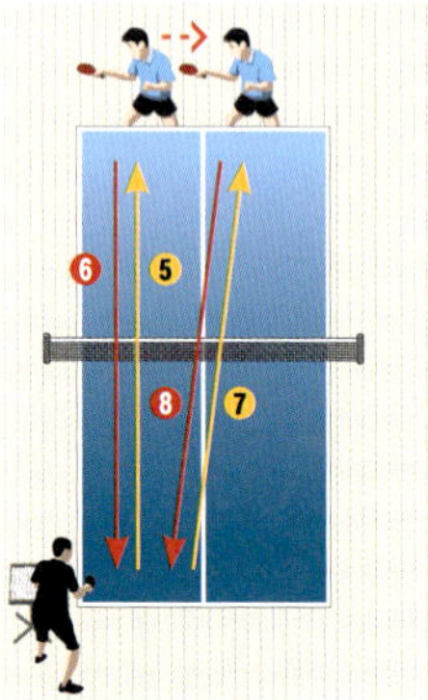

パートナー ⑤⑦順回転
練習者 ❻❽フォアフラット

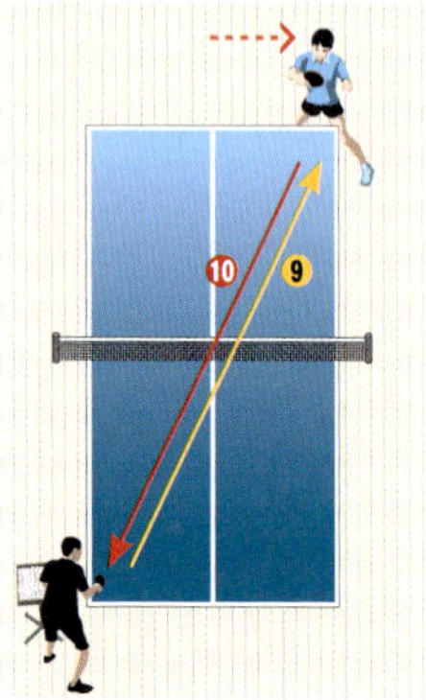

パートナー ⑨順回転
練習者 ❿バックフラット

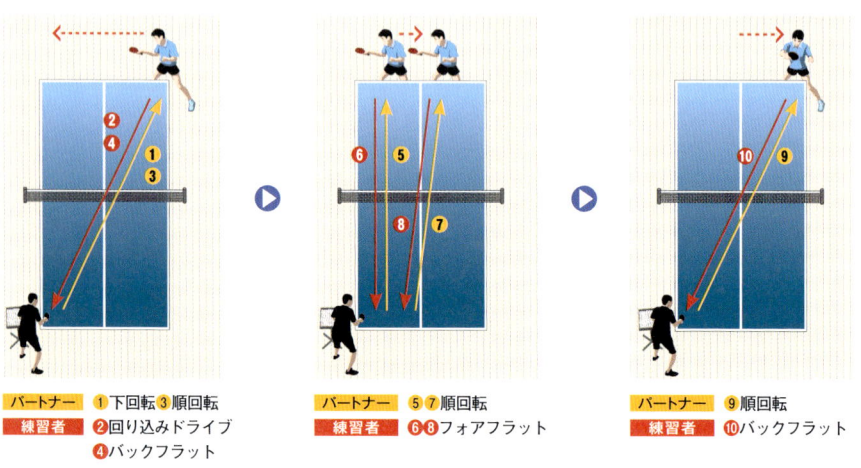

渡辺勝男の熱血アドバイス

臨機応変に対応できるようになろう

第2章「攻撃を仕掛ける」にまとめたパターンのことを、私たちのクラブでは仕掛けコースと呼んでいます。これらは、試合の中で自分から攻撃を仕掛けていくためのさまざまな展開を、多球練習として取り入れたものです。ひとつだけを覚えて得意パターンにするのではなく、すべてを覚えることで試合でも臨機応変に対応できるようにしていきましょう。

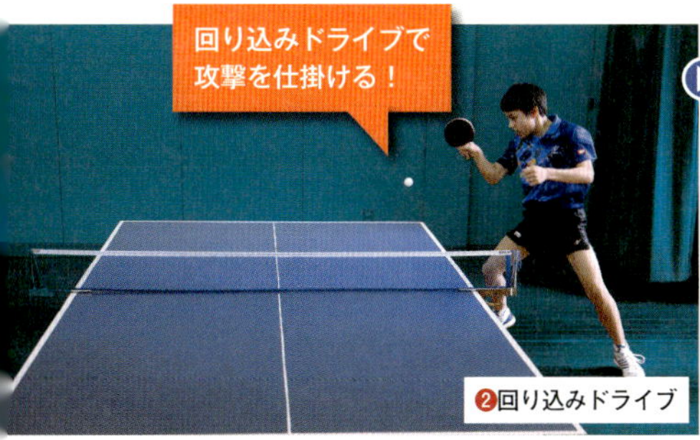

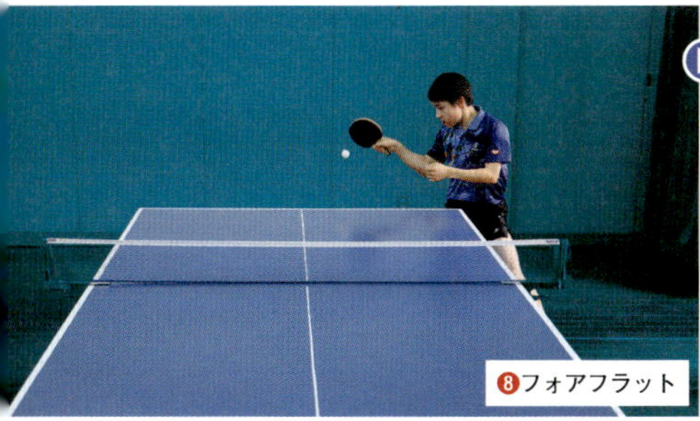

Level UP!

回り込み後の戻りを早くする

回り込みで打った後は、どうしてもフォア側のスペースが空いてしまう。そこで、戻りを早くするため、回り込みはインパクトと同時に体重を左足から右足に移すような意識で打とう。そうすることで、戻りが早くなり、フォア側への球にも対応できるようになる。

ねらい
攻撃へつなげる展開を身につける

Menu 012 基本パターンB

難易度 ★★★★☆
回数 10セット

習得できる技能
⇨ フットワーク
⇨ コンビネーション
⇨ どこに来ても打つ

▼やり方

パートナー　バックサイドから、1球目のボールを下回転でフォア側に出し、2球目以降は順回転でバック側、バック側、ミドル、バック側の順に球出しをする

練習者　出された球に対して、フォアドライブ、バックフラット、回り込みフォアフラット、フォアフラット、バックフラットの順で打つ

ポイント

ドライブで攻めていく

このパターンは、フォア側に出されたサーブが長くなった場合や、フォア側でのツッツキ合いから、フォアドライブで攻めに出ていく展開。練習者は、1打目でしっかりとボールを下から上にこするように打って、ドライブで攻めていけるようにしよう

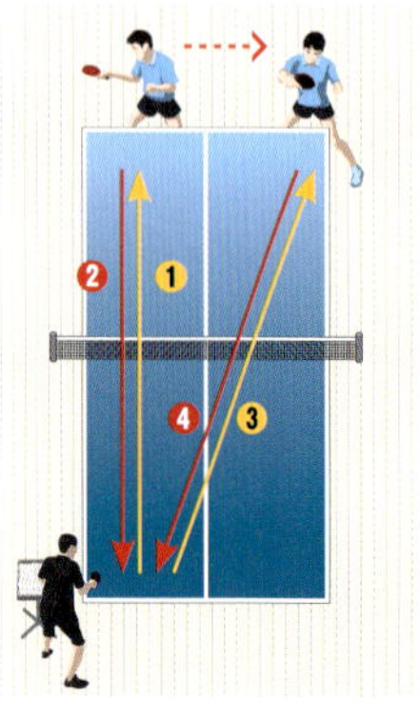

パートナー　①下回転③順回転
練習者　❷フォアドライブ
❹バックフラット

パートナー　⑤順回転
練習者　❻回り込みフォアフラット

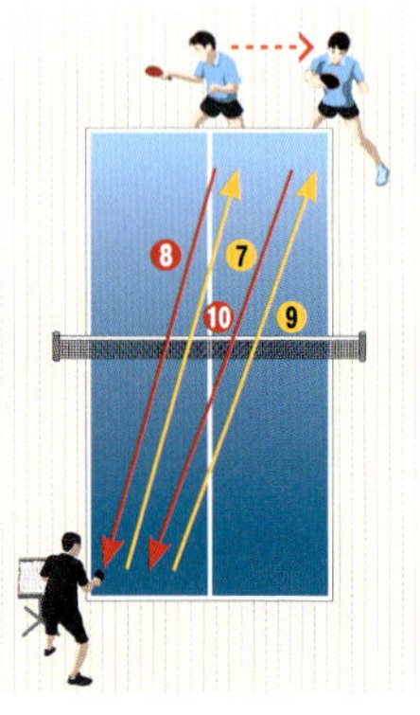

パートナー　⑦⑨順回転
練習者　❽フォアフラット
❿バックフラット

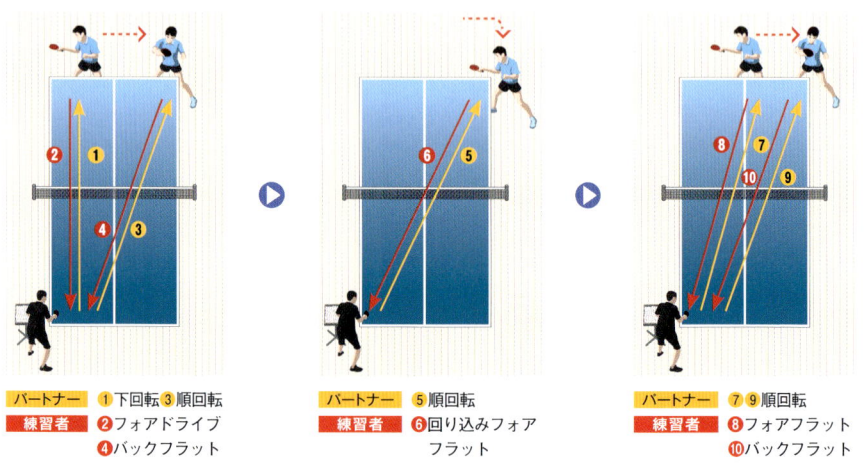

攻撃を仕掛ける

ねらい

攻撃へつなげる展開を身につける

Menu 013 基本パターンC

難易度 ★★★★

回数 10セット

習得できる技能
- ⇨ フットワーク
- ⇨ コンビネーション
- ⇨ どこに来ても打つ

❷バックドライブ
バック側からフォアに振られた場合は素早く対応
❹フォアフラット

▼ やり方

パートナー　バックサイドから、1球目のボールを下回転でバック側に出し、2球目以降は順回転でフォア側、バック側、ミドル、バック側の順に球出しをする

練習者　出された球に対して、バックドライブ、フォアフラット、バックフラット、フォアフラット、バックフラットの順に打つ

ポイント

迷った場合は両ハンドで対応できるように待つ

練習者は1球目をバックドライブで打つが、試合ではどちらにボールが来るかわからない。相手の動きからバックに来るとわかればバック側で待っていても良いが、どちらにくるか迷った場合には両ハンドで対応できるように待つことが大切になる。また、バックドライブのあとにフォアへ振られた場合の対応も素早く行うこと

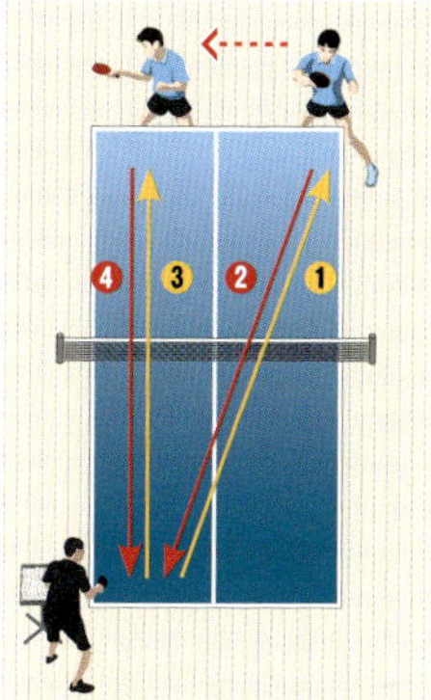

パートナー　❶下回転❸順回転
練習者　❷バックドライブ　❹フォアフラット

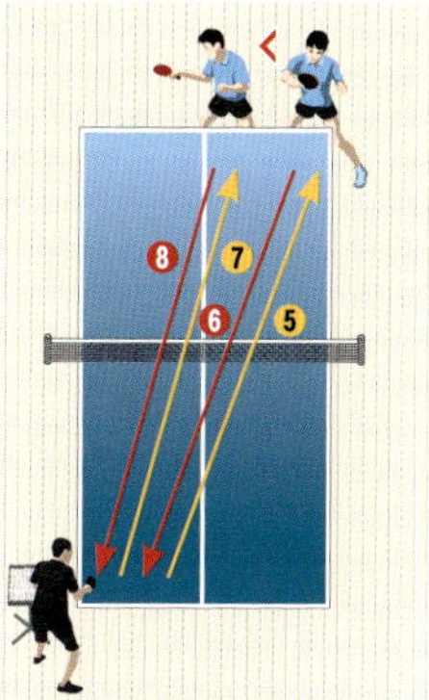

パートナー　❺❼順回転
練習者　❻バックフラット　❽フォアフラット

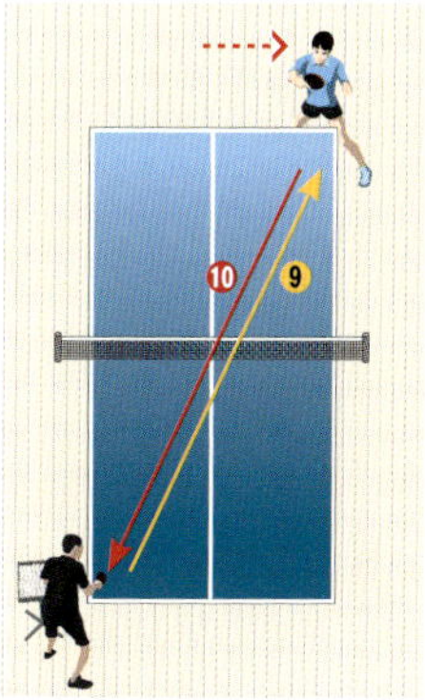

パートナー　❾順回転
練習者　❿バックフラット

ねらい

試合で多く使われる展開を覚える①

Menu 014 仕掛けパターンA

難易度 ★★★★

回数 10セット

習得できる技能
- ⇨フットワーク
- ⇨コンビネーション
- ⇨どこに来ても打つ

▼やり方

パートナー　バックサイドから、1球目のボールを下回転でバック側に出し、2球目以降は順回転でミドル、バック側、フォア側、バック側の順に球出しをする

練習者　出された球に対して、回り込みドライブ、フォアフラット、回り込みフラット、フォアフラット、バックフラットの順に打つ

❷回り込みドライブ

❽フォアフラット

ポイント

試合を想定してさまざまなコースに打ち分けよう

最後のバックフラットはクロスに打っていますが、これは決め球を想定しているため、基本的にはどこに打っても自由です。必ずクロスに打たなければいけないわけではなく、試合の状況などを想定して、さまざまなコースに打ち分けられるようにしておきましょう

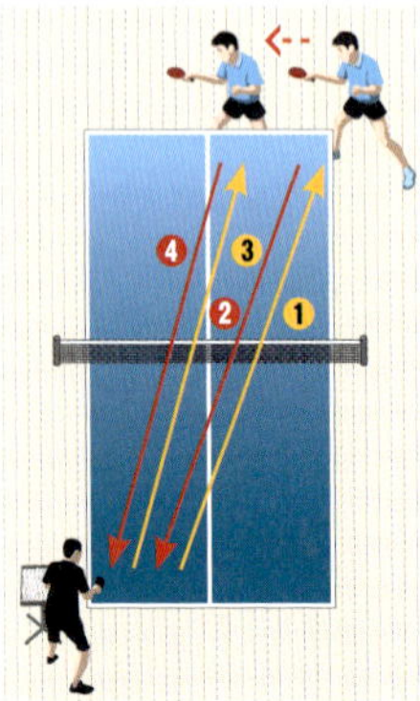

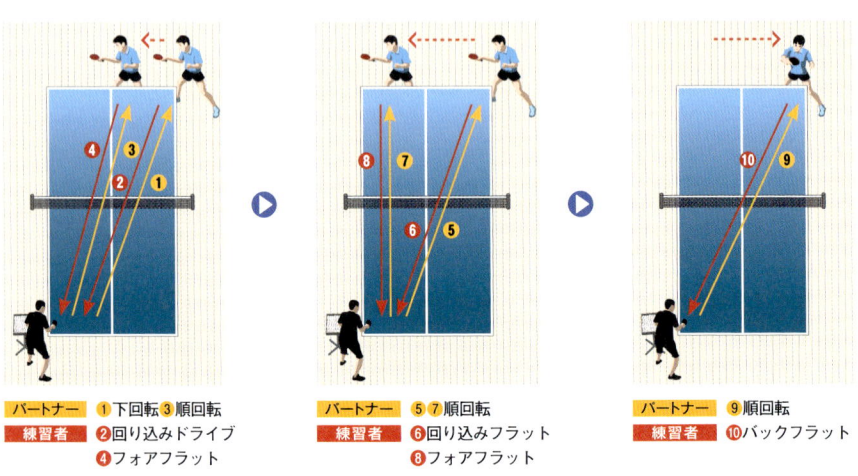

パートナー　❶下回転❸順回転

練習者　❷回り込みドライブ　❹フォアフラット

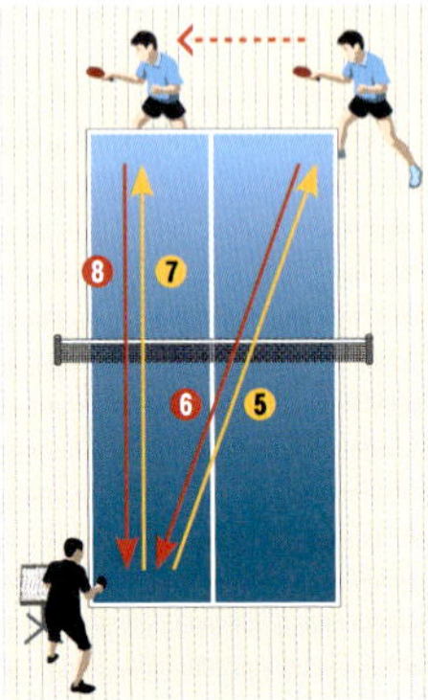

パートナー　❺❼順回転

練習者　❻回り込みフラット　❽フォアフラット

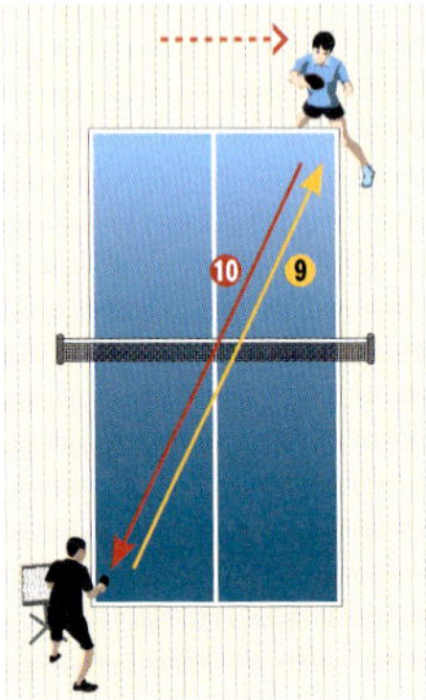

パートナー　❾順回転

練習者　❿バックフラット

渡辺勝男の熱血アドバイス

メニューが多いのはクセをつけないため

この練習でも決め球はコースフリーとしているように、私はできるだけクセをつけないようにしています。例えば、回り込みドライブのあとにフォアへ飛びつくのが必勝パターンになっている選手は、バック側に打たれたら反応できません。仕掛けだけでもこれだけのパターンをやるのは、クセをつけないためだとも言えるのです。

❹フォアフラット

❻回り込みフラット

❿バックフラット

Level UP!

フットワークの違いも身につけよう

メニューの中にミドルが入っている場合、基本的にその前後はフォア側・バック側のどちらに動いても小さいフットワークになる。仕掛けパターンAでは、練習者の3打目までが小さいフットワーク、4打目以降が大きいフットワークになり、どの方向へも大小のフットワークを使えるようになることも「仕掛けパターン」の目的のひとつ。

3打目の回り込みの後は大きいフットワークでフォアへ

攻撃を仕掛ける

ねらい

試合で多く使われる展開を覚える①

難易度	★★★★
回数	10セット

習得できる技能
⇨ フットワーク
⇨ コンビネーション
⇨ どこに来ても打つ

Menu 015 仕掛けパターンB

❷フォアドライブ
フォアドライブで攻撃を仕掛け、最後のフォアフラットで強く叩いて決める
❿回り込みフラット

▼ やり方

パートナー　バックサイドから、1球目のボールを下回転でフォア側に出し、2球目以降は順回転でミドル、フォア側、バック側、バック側の順に球出しをする

練習者　出された球に対して、フォアドライブ、バックフラット、フォアフラット、バックフラット、回り込みフラットの順に打つ

ポイント

両方の切り返しを練習しよう

フォアとバックを交互に打つこのメニューでは、フォアとバックの切り返しがポイント。ただし、フォアからバックの切り返しだけを練習していても、バックからフォアに切り返して打てるようにはならない。練習の中で両方を訓練していく必要がある

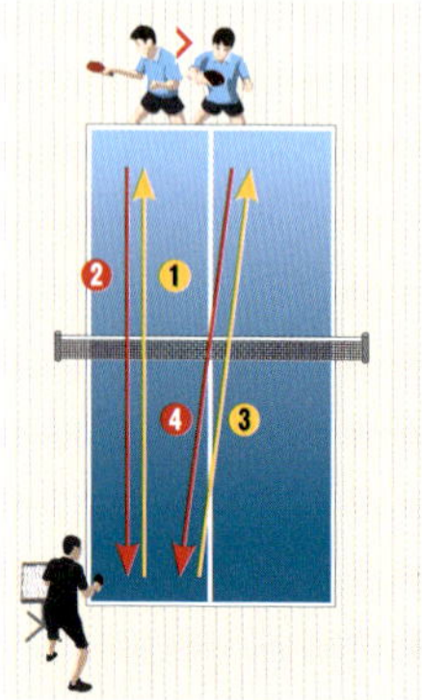

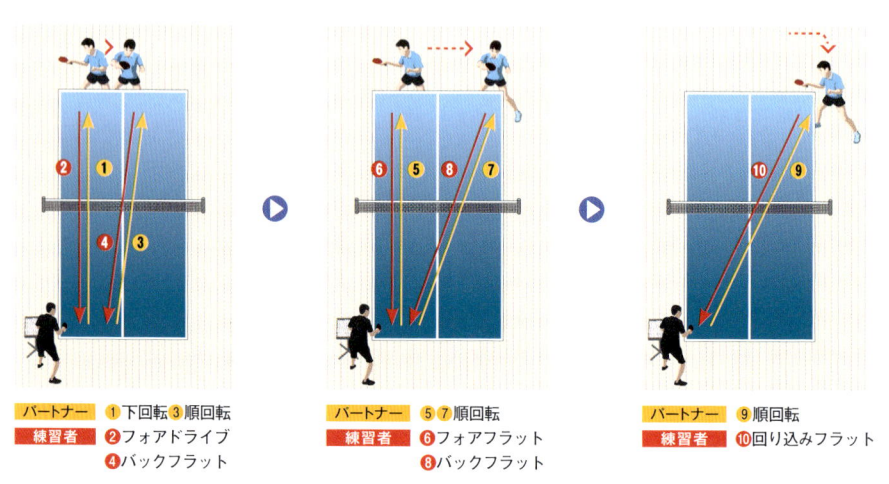

パートナー　❶下回転❸順回転
練習者　❷フォアドライブ　❹バックフラット

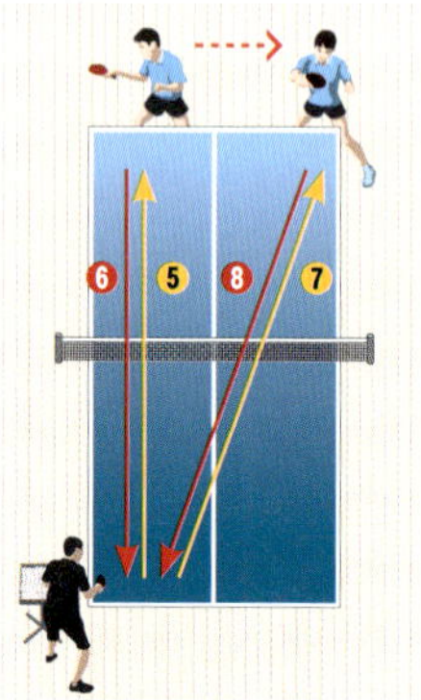

パートナー　❺❼順回転
練習者　❻フォアフラット　❽バックフラット

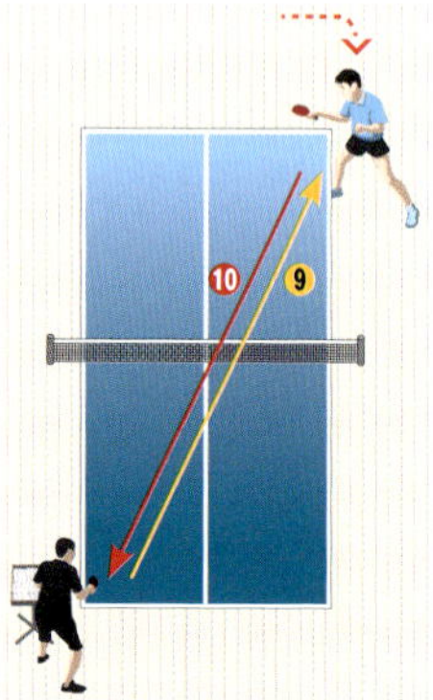

パートナー　❾順回転
練習者　❿回り込みフラット

ねらい

試合で多く使われる展開を覚える①

難易度 ★★★★
回数 10セット

習得できる技能
⇨ フットワーク
⇨ コンビネーション
⇨ どこに来ても打つ

Menu 016 仕掛けパターンC

❹フォアフラット
フォアとバックのコンビネーションを使いこなす
❻バックフラット

▼ やり方

パートナー バックサイドから、1球目のボールを下回転でバック側に出し、2球目以降は順回転でミドル、バック側、フォア側、バック側の順に球出しをする

練習者 出された球に対して、バックドライブ、フォアフラット、バックフラット、フォアフラット、バックフラットの順に打つ

ポイント

コンビネーションを身につけよう

Menu15と同じように、フォアとバックを交互に打つコンビネーションが重要になる。指導者としては、同じ切り返しを目的としたメニューでも、展開を変えてやらせることで、どこで選手ができないのかをチェックして、アドバイスを送ることも大切だ

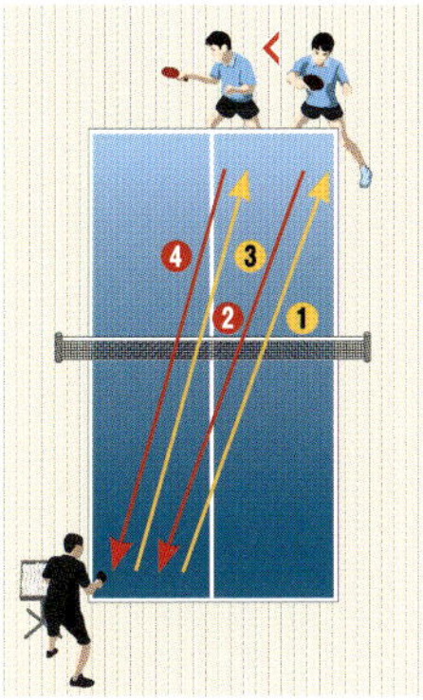

パートナー ❶下回転❸順回転
練習者 ❷バックドライブ
❹フォアフラット

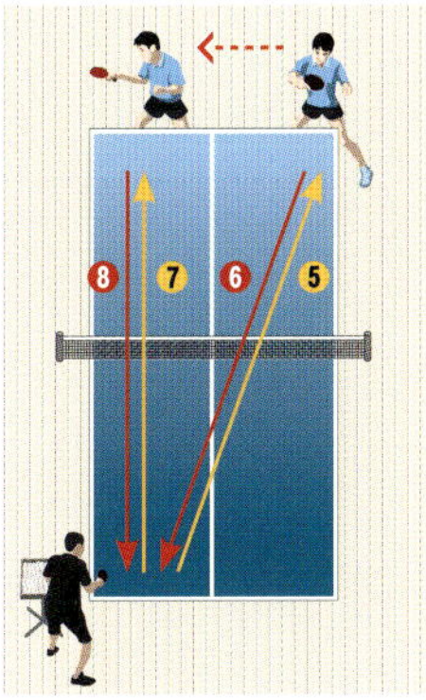

パートナー ❺❼順回転
練習者 ❻バックフラット
❽フォアフラット

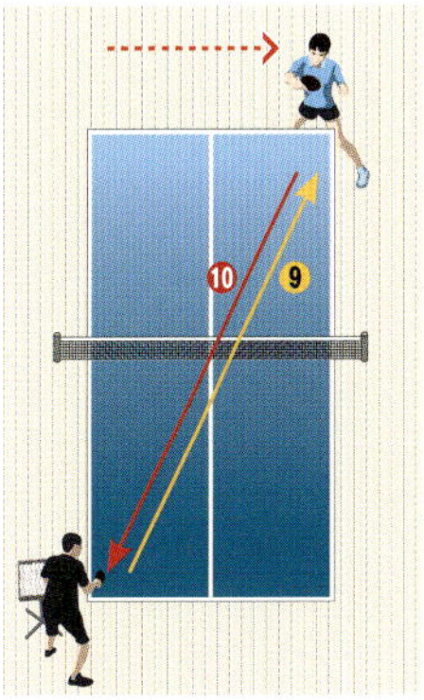

パートナー ❾順回転
練習者 ❿バックフラット

攻撃を仕掛ける

難易度 ★★★★☆

回　数 10セット

習得できる技能
- ⇨フットワーク
- ⇨コンビネーション
- ⇨どこに来ても打つ

ねらい

試合で多く使われる展開を覚える②

Menu 017 仕掛けパターンA

▼やり方

パートナー バックサイドから、1球目のボールを下回転でバック側に出し、2球目以降は順回転でミドル、バック側、フォア側、バック側の順に球出しをする

練習者 出された球に対して、回り込みドライブ、フォアフラット、バックフラット、フォアフラット、バックフラットの順に打つ

⑥バックフラット

ポイント

臨機応変に動けるように多くのパターンを覚えよう

回り込みドライブから仕掛けてラリーをつなぎ、最後にバックフラットで決めるという展開を身につけることが目的。ただし、試合では途中までこの展開でも後半は他のメニューのような別展開になることもあるため、多くのパターンを覚えて臨機応変に動けることを目指す

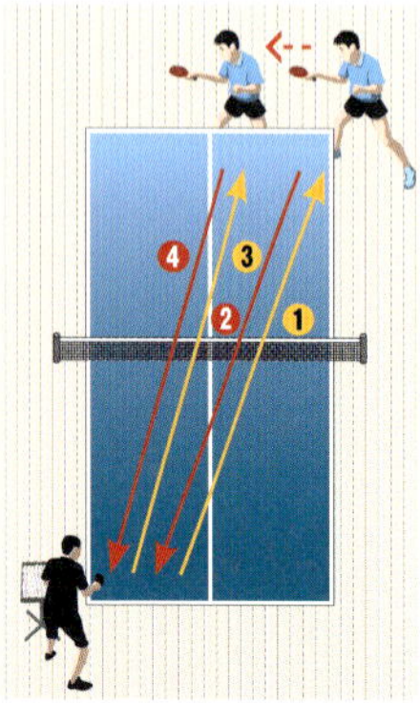

パートナー ①下回転③順回転
練習者 ②回り込みドライブ ④フォアフラット

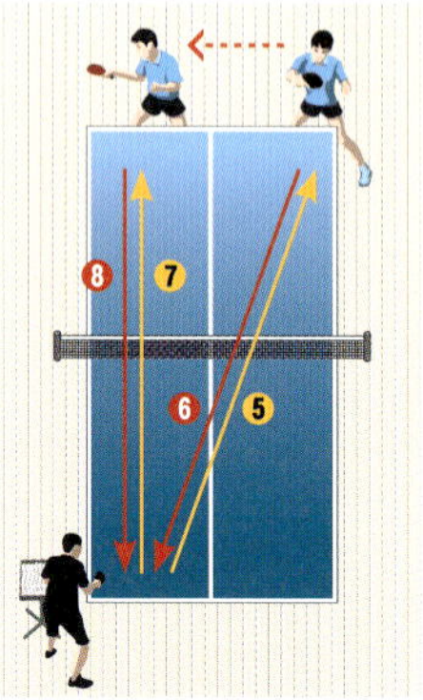

パートナー ⑤⑦順回転
練習者 ⑥バックフラット ⑧フォアフラット

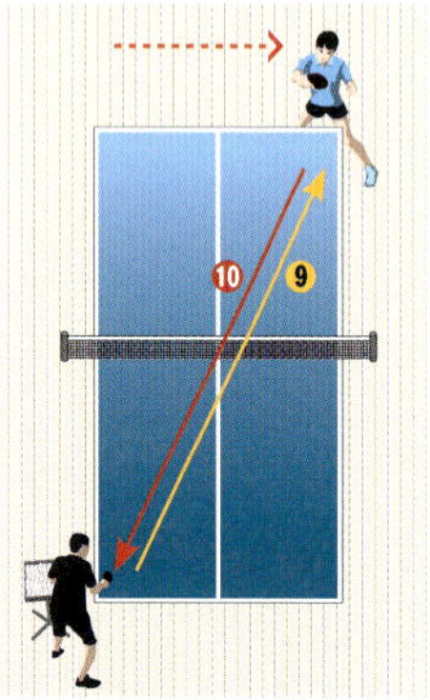

パートナー ⑨順回転
練習者 ⑩バックフラット

渡辺勝男の熱血アドバイス

自信を持たせることが大切

「攻撃を仕掛ける」の中では、さまざまな展開で多球練習を行っています。その理由というのは、第一にラリーが続かなければ面白くないからです。ラリーを続けるためには、打つリズムやコースごとの動き方などを覚えていかなければいけません。そこで、違った形の多球練習をこなすことで、それらを覚えさせ、さらには自信を持たせることが大切だと思います。

❷回り込みドライブ

❹フォアフラット

❽フォアフラット

❿バックフラット

Level UP!

フラットとドライブの軌道

フラットはスイングの軌道が後ろから前へ直線的なのに対し、ドライブは強い上回転をかけるために下から上に向かった軌道をとる。この違いは大きく、ドライブを打った後はその余韻が残ってしまっているため、直後のフラットもドライブと似た軌道をとってしまいがち。練習を重ねて、しっかりと打ち分けられるようにする。

フラットの軌道は後ろから前のイメージ

ねらい

試合で多く使われる展開を覚える②

難易度 ★★★★
回数 10セット

習得できる技能
⇨ フットワーク
⇨ コンビネーション
⇨ どこに来ても打つ

Menu 018 仕掛けパターンB

ドライブのインパクト前はラケットを正面に向ける意識
❷フォアドライブ

▼ やり方

パートナー　バックサイドから、1球目のボールを下回転でフォア側に出し、2球目以降は順回転でミドル、バック側、フォア側、バック側の順に球出しをする

練習者　出された球に対して、フォアドライブ、フォアフラット、バックフラット、フォアフラット、バックフラットの順に打つ

ポイント

最初はラケット面を正面に向ける

ドライブを打つときに注意しなければいけないのが面の角度だ。インパクト時に、ボールに対してラケットをかぶせるようにして上回転をかけるドライブだが、インパクトの前からラケット面が下を向きすぎていると、ラケットの芯に当たらず、インパクトがずれるとミスになりやすい。最初はラケット面を正面に向ける意識で

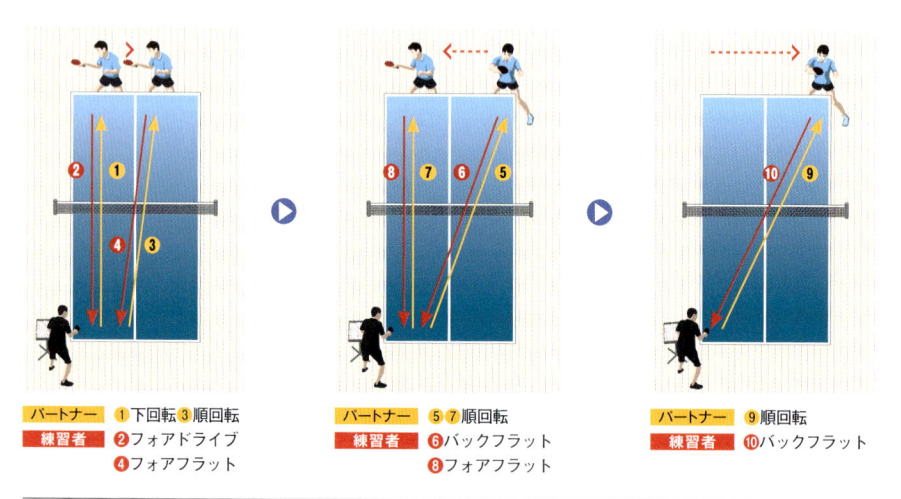

パートナー　❶下回転❸順回転
練習者　❷フォアドライブ　❹フォアフラット

パートナー　❺❼順回転
練習者　❻バックフラット　❽フォアフラット

パートナー　❾順回転
練習者　❿バックフラット

ねらい

試合で多く使われる展開を覚える②

難易度	★★★★☆
回数	10セット
習得できる技能	⇨フットワーク ⇨コンビネーション ⇨どこに来ても打つ

Menu 019 仕掛けパターンC

▼やり方

パートナー　バックサイドから、1球目のボールを下回転でバック側に出し、2球目以降は順回転でバック側、バック側、フォア側、バック側の順に球出しをする

練習者　出された球に対して、バックドライブ、回り込みフラット、バックフラット、フォアフラット、バックフラットの順に打つ

ポイント

ドライブとフラットをしっかり切りかえよう

先にも話した通り、ドライブ後のフラットには、ドライブの余韻を引きずってしまいがち。しかし、これはドライブのみ、フラットのみを続けて練習してもうまく打てるようにはならない。**頭を切りかえて打てるように、ドライブからフラットを打つ練習を重ねると良い**

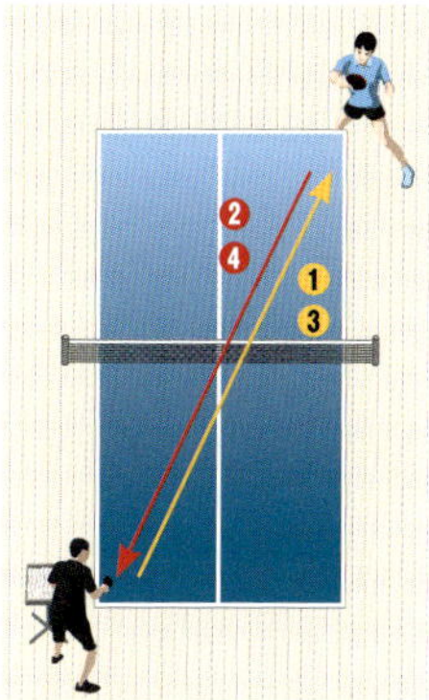

パートナー　①下回転③順回転
練習者　❷バックドライブ
❹回り込みフラット

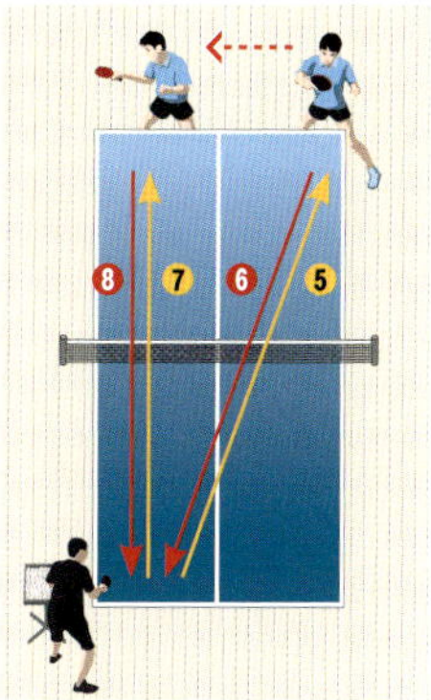

パートナー　⑤⑦順回転
練習者　❻バックフラット
❽フォアフラット

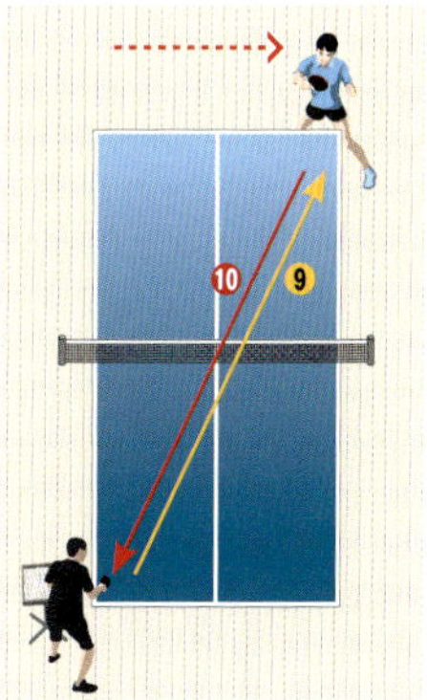

パートナー　⑨順回転
練習者　❿バックフラット

攻撃を仕掛ける

ねらい

展開のバリエーションを増やす①

Menu 020 仕掛けパターンA

難易度 ★★★★

回 数 10セット

習得できる技能

⇨ フットワーク

⇨ コンビネーション

⇨ どこに来ても打つ

▼ やり方

パートナー バックサイドから、1球目のボールを下回転でバック側に出し、2球目以降は順回転でバック側、フォア側、バック側、バック側の順に球出しをする

練習者 出された球に対して、回り込みドライブ、バックフラット、フォアフラット、バックフラット、回り込みフラットの順に打つ

❷回り込みドライブ

❻フォアフラット

ポイント

大きく動いたあともしっかり止まって打つ

このメニューでポイントとなるのは、**1打目の回り込みドライブのあと、中に入ってきてのバックフラットをしっかりと打てるかどうか**。回り込みの動きが大きく、次の打球を考えて早く動いてしまい、バックフラットを移動しながら打ってしまいがち。しっかりと止まって打つことを心がける

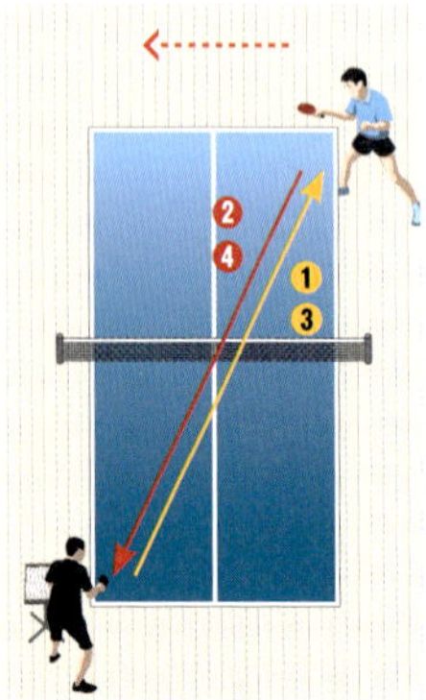

パートナー ①下回転 ③順回転

練習者 ②回り込みドライブ ④バックフラット

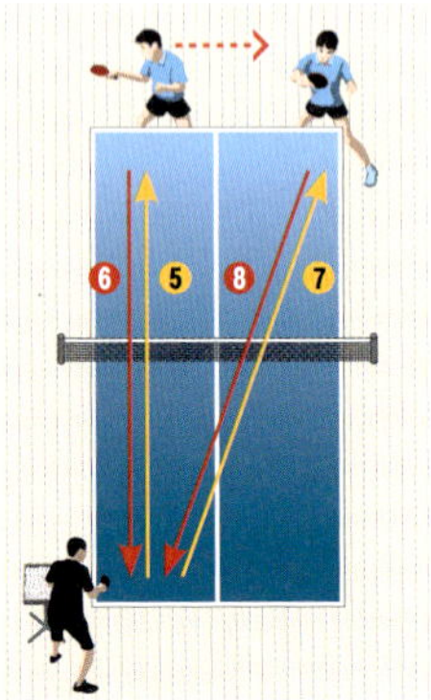

パートナー ⑤⑦順回転

練習者 ⑥フォアフラット ⑧バックフラット

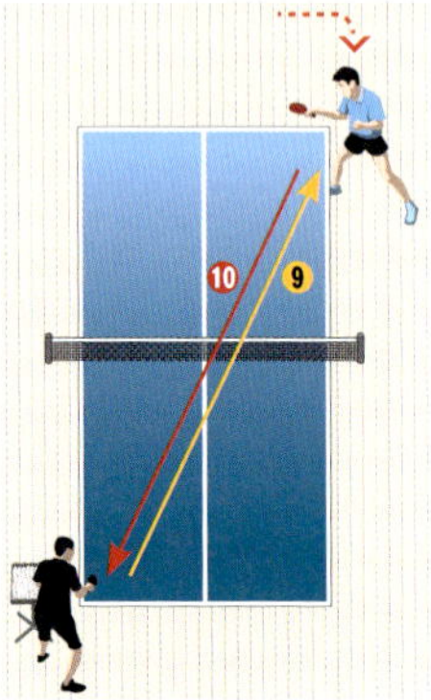

パートナー ⑨順回転

練習者 ⑩回り込みフラット

渡辺勝男の熱血アドバイス

慣れてきたらドライブでやってみよう

指導者は、選手がメニューをしっかりとこなせるようになってきたと感じたら、フラットの部分をドライブにさせても構いません。しかし、いきなりすべてをドライブでやらせるのではなく、まずは10本中5本をドライブ、残り5本はフラットのままというように徐々に移行させてください。

❹バックフラット

❽バックフラット

❿回り込みフラット

Level UP!

回り込みドライブのあとはしっかり止まる

回り込みドライブのあとは、戻りを急ごうとフォームが崩れたり、2打目のバックハンドを動きながら打ったりしてしまうことが多いもの。Menu011でも説明したように、回り込みはインパクトと同時に右足に体重を移す打ち方をすれば、スムーズに戻れるようになって余裕ができるので、2打目をしっかりと止まって打てる。

回り込みのあとの戻りを早くして、バックフラットを止まって打つ

ねらい
展開のバリエーションを増やす①

難易度 ★★★★
回数 10セット

習得できる技能
⇨ フットワーク
⇨ コンビネーション
⇨ どこに来ても打つ

Menu 021 仕掛けパターンB

▼やり方

パートナー　バックサイドから、1球目のボールを下回転でフォア側に出し、2球目以降は順回転でミドル、フォア側、バック側、バック側の順に球出しをする

練習者　出された球に対して、フォアドライブ、フォアフラット、フォアフラット、バックフラット、回り込みフラットの順に打つ

ポイント

ミドルはまずフォアを打てるようになろう

フォアハンドとバックハンドは両方を同じように使えることが理想だが、それでもバックではミスが多くなるのが現状。そのため、ミドルでもバックで打つことはあるものの、フォアで打てるようになることを基本として訓練する

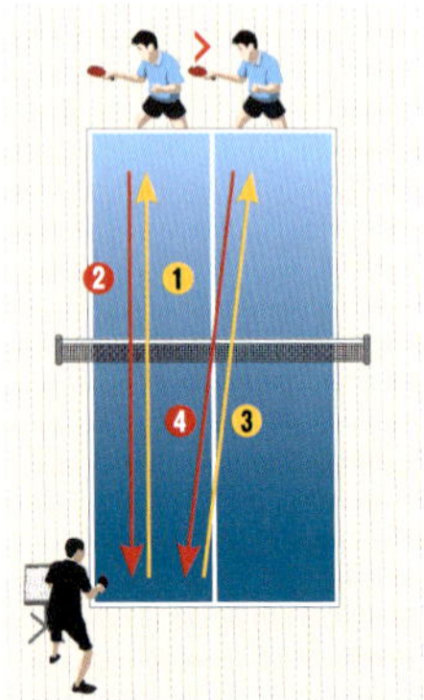

パートナー　①下回転③順回転
練習者　②フォアドライブ　④フォアフラット

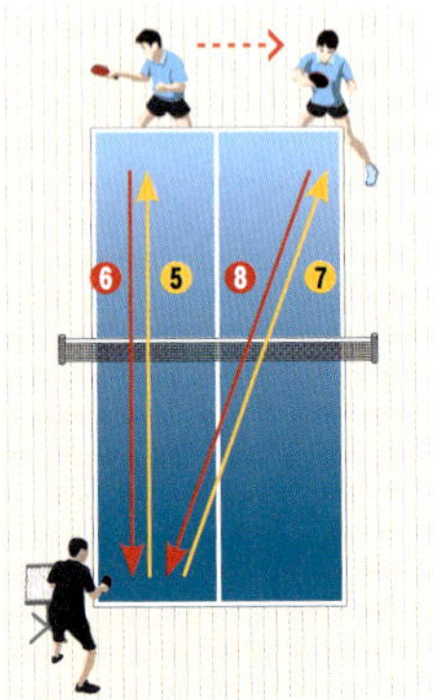

パートナー　⑤⑦順回転
練習者　⑥フォアフラット　⑧バックフラット

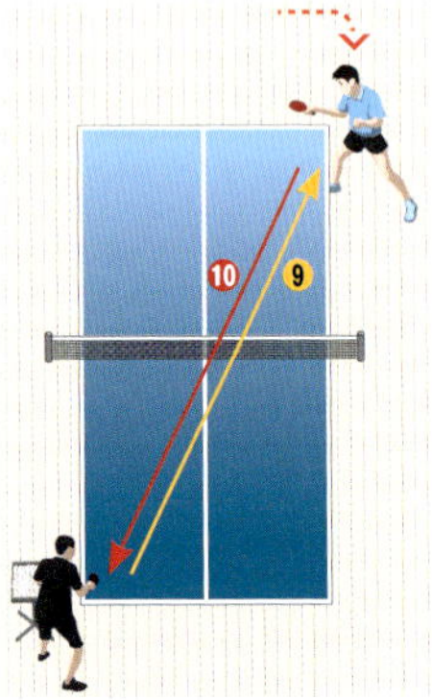

パートナー　⑨順回転
練習者　⑩回り込みフラット

攻撃を仕掛ける

ねらい
展開のバリエーションを増やす①

難易度 ★★★★
回数 10セット

習得できる技能
- ⇨ フットワーク
- ⇨ コンビネーション
- ⇨ どこに来ても打つ

Menu 022 仕掛けパターンC

❹フォアフラット
ミドルからの回り込みは歩幅を大きく
❻回り込みフラット

▼ やり方

パートナー バックサイドから、1球目のボールを下回転でバック側に出し、2球目以降は順回転でミドル、バック側、フォア側、バック側の順に球出しをする

練習者 出された球に対して、バックドライブ、フォアフラット、回り込みフラット、フォアフラット、バックフラットの順に打つ

ポイント

大きく回り込むときは歩幅を大きく

このメニューでは、練習者は2打目をミドルでフォアフラットを打ったあと、3打目で回り込みフラットを打つ。つまり、ミドルから回り込みをするため、通常のバック側から周り込むよりもより大きい動きとなる。回り込み時の歩幅を大きくして、大きく周り込む意識をもつこと

パートナー ①下回転 ③順回転
練習者 ❷バックドライブ ❹フォアフラット

パートナー ⑤⑦順回転
練習者 ❻回り込みフラット ❽フォアフラット

パートナー ⑨順回転
練習者 ❿バックフラット

攻撃を仕掛ける

展開のバリエーションを増やす②

ねらい

難易度	★★★★
回数	10セット

習得できる技能
- ⇨フットワーク
- ⇨コンビネーション
- ⇨どこに来ても打つ

Menu 023 仕掛けパターンA

▼やり方

パートナー　バックサイドから、1球目のボールを下回転でバック側に出し、2球目以降は順回転でフォア側、バック側、ミドル、バック側の順に球出しをする

練習者　出された球に対して、回り込みドライブ、フォアフラット、バックフラット、フォアフラット、バックフラットの順に打つ

❷回り込みドライブ

❽フォアフラット

ポイント

大きいフットワークができない子にはミドルを入れる

このメニュー以外にも言えることだが、フォア側からバック側、またはバック側からフォア側への移動は、フットワークが大きくなるため、できない子も多い。そこで、ミドルを挟んでフットワークを小さくしているが、練習者が上達してきたならば、ミドルを除いた練習にしてもOK

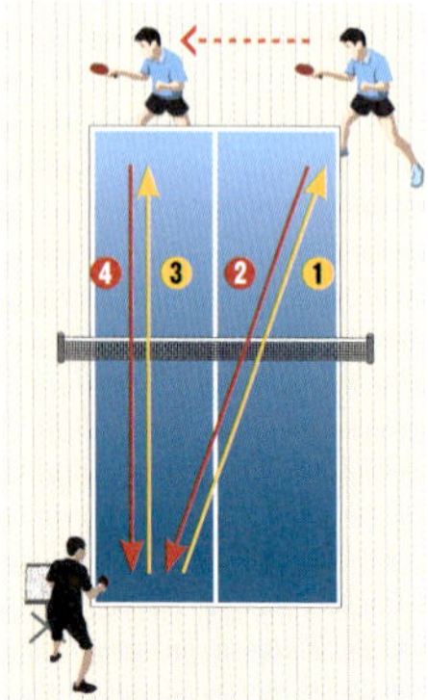
パートナー　❶下回転❸順回転
練習者　❷回り込みドライブ　❹フォアフラット

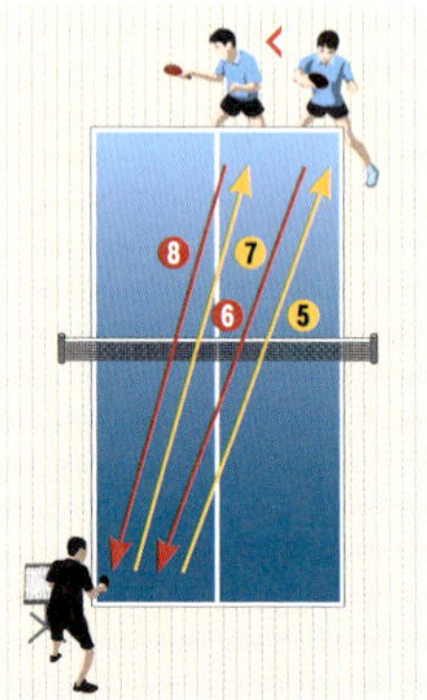
パートナー　❺❼順回転
練習者　❻バックフラット　❽フォアフラット

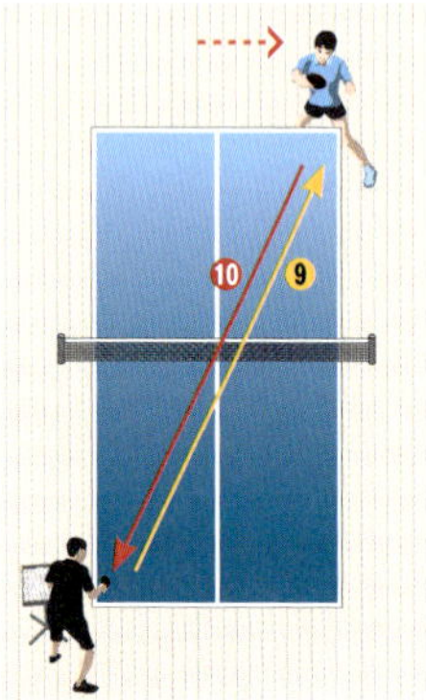
パートナー　❾順回転
練習者　❿バックフラット

渡辺勝男の熱血アドバイス

いろいろなパターンができるように

「攻撃を仕掛ける」で大事なのは、あくまでもいろいろなパターンをしっかりとできるようにしていくこと。指導者はパターンがクセになっていないか、次の球にフライングで動いたり、動きながら打っていたりしていないか注意して見てあげましょう。また、ドライブとフラットがうまく切りかえられているかも注意すべき点です。

❹フォアフラット

❻バックフラット

❿バックフラット

回り込みドライブで仕掛け、バックフラットで決める攻撃パターン

Level UP!

ストレートに打つほうが難しい

例えばフォア側から打つとして、コースに打ち分ける際の難易度はクロス、ミドル、ストレートの順で難しくなっていく。それは、単純にクロスに打つほうが距離が長く、ストレートになるにつれて打球の距離が短くなるため、ミスになりやすいというもの（これを解消するためのフットワークはP135で後述する）。

フォア側またはバック側からストレートに打つのは、クロスよりも難易度が高い

攻撃を仕掛ける

難易度 ★★★★
回数 10セット

ねらい
展開のバリエーションを増やす②

習得できる技能
⇨フットワーク
⇨コンビネーション
⇨どこに来ても打つ

Menu 024 仕掛けパターンB

▼やり方

パートナー　バックサイドから、1球目のボールを下回転でフォア側に出し、2球目以降は順回転でバック側、フォア側、ミドル、バック側の順に球出しをする

練習者　出された球に対して、フォアドライブ、バックフラット、フォアフラット、フォアフラット、バックフラットの順に打つ

ポイント

左右に振られても対応しよう

1打目のフォアドライブのあと、大きく動いてバックフラット、そこからまた大きく動いてフォアフラットと、大きいフットワークが続くメニュー。相手に左右に大きく振られた場面を想定して、しっかりと素早く対応して打てるようになることが目的となる

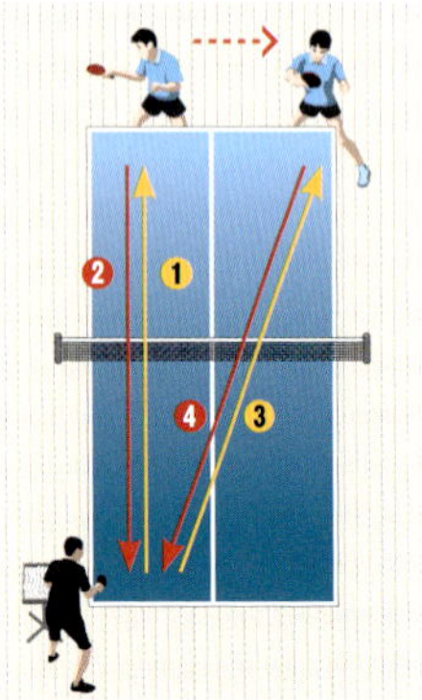

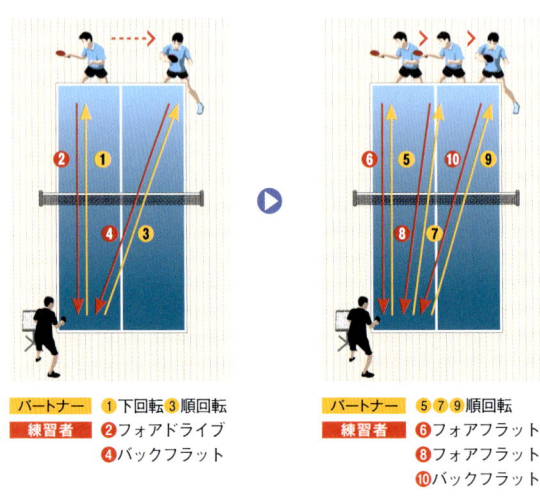

パートナー ①下回転③順回転
練習者 ❷フォアドライブ
❹バックフラット

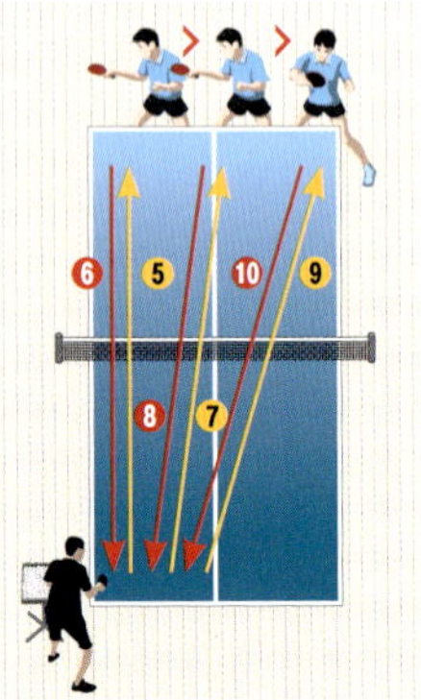

パートナー ⑤⑦⑨順回転
練習者 ❻フォアフラット
❽フォアフラット
❿バックフラット

ねらい

展開のバリエーションを増やす②

Menu 025 仕掛けパターンC

難易度 ★★★★

回数 10セット

習得できる技能
- ⇨フットワーク
- ⇨コンビネーション
- ⇨どこに来ても打つ

②バックドライブ
大小のフットワークを使い分ける
④フォアフラット

▼やり方

パートナー バックサイドから、1球目のボールを下回転でバック側に出し、2球目以降は順回転でフォア側、バック側、ミドル、バック側の順に球出しをする

練習者 出された球に対して、バックドライブ、フォアフラット、バックフラット、フォアフラット、バックフラットの順に打つ

ポイント

大小のフットワークどちらもうまくなろう

Menu024と同じく、練習者は1打目から3打目でフォア側とバック側を大きく動くパターン。試合で振られた場面を想定して、大きいフットワークで素早く対応できるかどうかがカギになる。加えて、後半は小さいフットワークもあり、大小のフットワークでしっかり動くことを目指す

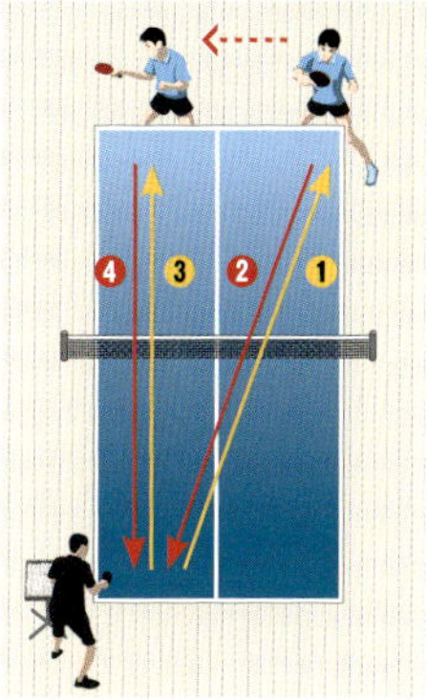

パートナー ①下回転③順回転
練習者 ②バックドライブ ④フォアフラット

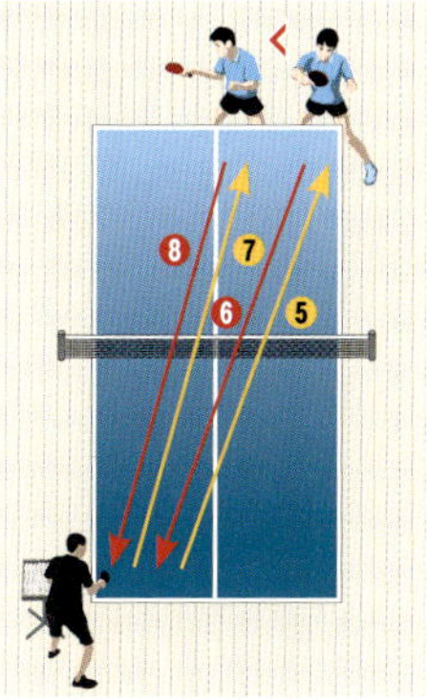

パートナー ⑤⑦順回転
練習者 ⑥バックフラット ⑧フォアフラット

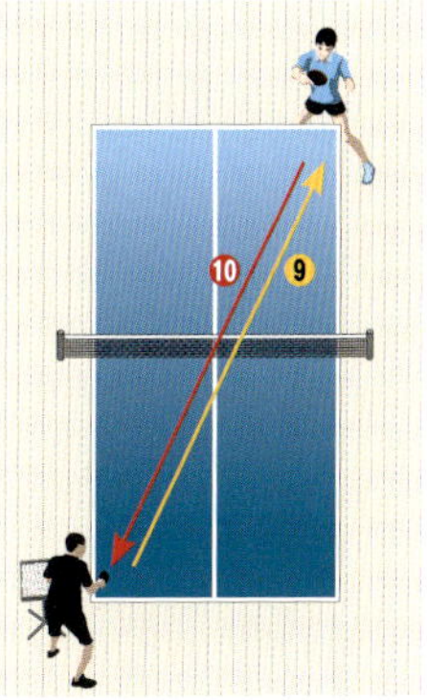

パートナー ⑨順回転
練習者 ⑩バックフラット

攻撃を仕掛ける

ねらい

攻撃を仕掛ける方法を身につける①

難易度	★★★★
回数	10セット

習得できる技能

⇨ フットワーク
⇨ コンビネーション
⇨ どこに来ても打つ

Menu 026 仕掛けパターンA

▼やり方

パートナー　バックサイドから、1球目のボールを下回転でバック側に出し、2球目以降は順回転でミドル、フォア側、バック側、バック側の順に球出しをする

練習者　出された球に対して、回り込みドライブ、フォアフラット、フォアフラット、バックフラット、回り込みフラットの順に打つ

❷回り込みドライブ

ポイント

回り込みフォアで決める

前半にフォアへの小さいフットワークが連続するパターンの練習。また、そのあとの後半の2球でバック側へ大きく動き、回り込んでからフォアで決め球を打つ

❻フォアフラット

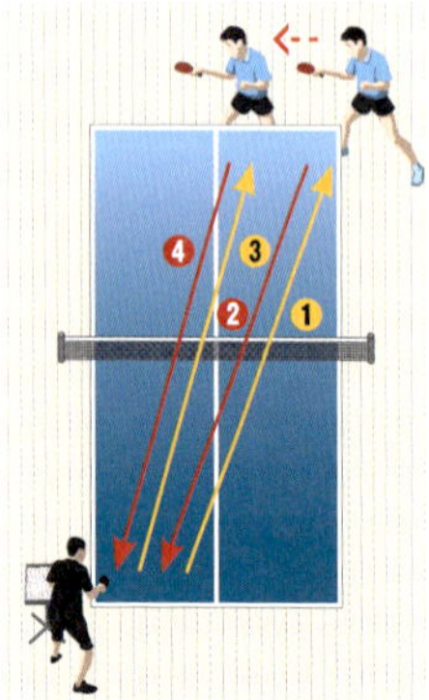
パートナー ①下回転③順回転
練習者 ❷回り込みドライブ ❹フォアフラット

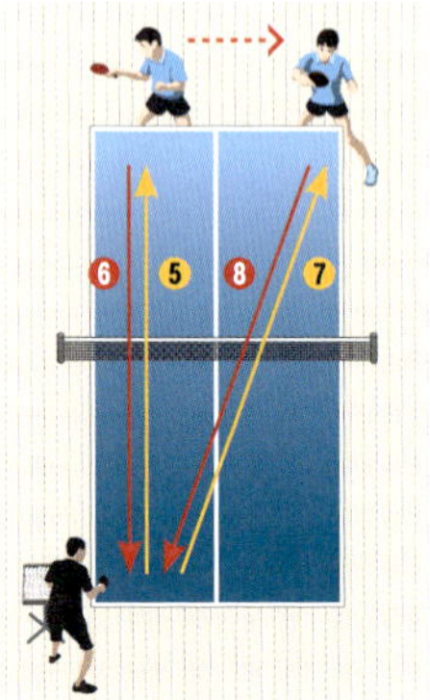
パートナー ⑤⑦順回転
練習者 ❻フォアフラット ❽バックフラット

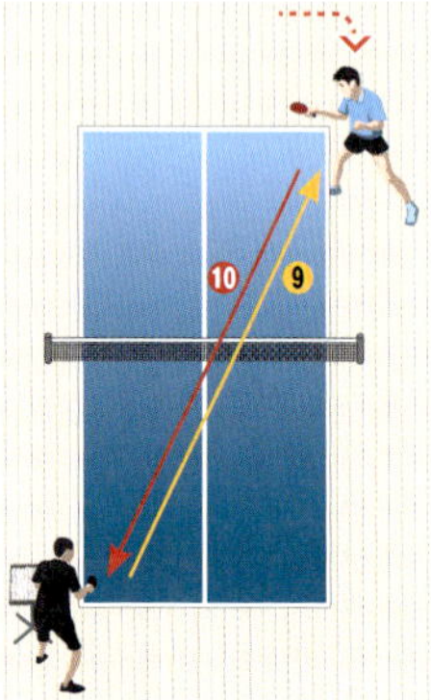
パートナー ⑨順回転
練習者 ❿回り込みフラット

渡辺勝男の熱血アドバイス

1球目から最後の球まで気持ちを入れる

選手にとっては、やはり技術が一番大切です。しかし、その技術を高めるための練習をしていない人が多い。それは練習の内容ではなくて、第1球目から最後の球までを、しっかり気持ちを入れてやること。途中で気を抜いてしまう選手は多く、そうするとうまくなりません。選手にとってはもちろん、指導者にとっても選手がうまくなってくれるほうが楽しいのですから、最初から最後まで気持ちを入れて練習に取り組んでください。

前半の小さいフットワークを素早く！
❹フォアフラット

❽バックフラット

❿回り込みフラット

Level UP!

動きと打ち方の組み合わせが大事

この練習のフォアへの小さいフットワークの連続のように、フットワークは片側に連続して小さく動く場合もあれば、左右に大きく振られたり、同じ場所でフォアとバックを打ち分けたりとさまざまな組み合わせがある。「攻撃を仕掛ける」で紹介しているメニューは、その動きや打ち方の違いで組んであり、練習していくことでさまざまな動きができるようになる。

回り込み→ミドル→フォアと小さいフットワークが連続する
ミドル
フォア

ねらい
攻撃を仕掛ける方法を身につける①

難易度 ★★★★
回数 10セット

習得できる技能
⇨ フットワーク
⇨ コンビネーション
⇨ どこに来ても打つ

Menu 027 仕掛けパターンB

❷フォアドライブ
バック側への小さいフットワークを連続して素早く！
❹フォアフラット

▼ やり方

パートナー　バックサイドから、1球目のボールを下回転でフォア側に出し、2球目以降は順回転でミドル、バック側、バック側、フォア側の順に球出しをする

練習者　出された球に対して、フォアドライブ、フォアフラット、回り込みフラット、バックフラット、フォアフラットの順に打つ

ポイント

クセをつけず対応力を伸ばす

Menu026とは反対にフォア側からスタートしてバック側へと小さいフットワークが続き、最後はフォアへ大きく動くパターン。いろいろなパターンを練習することで、クセをつけずにどのコースへも対応できることを目指す

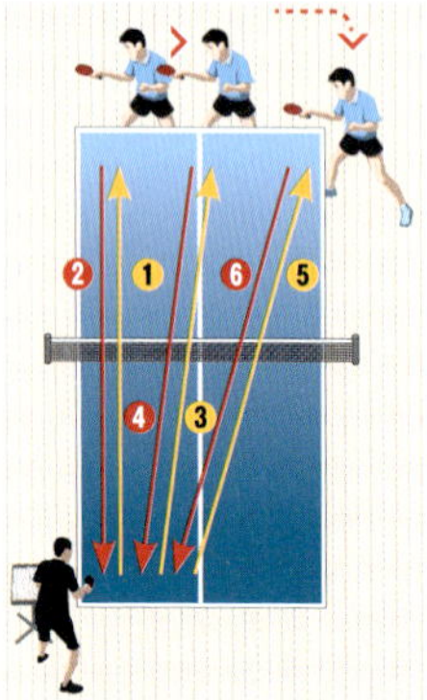

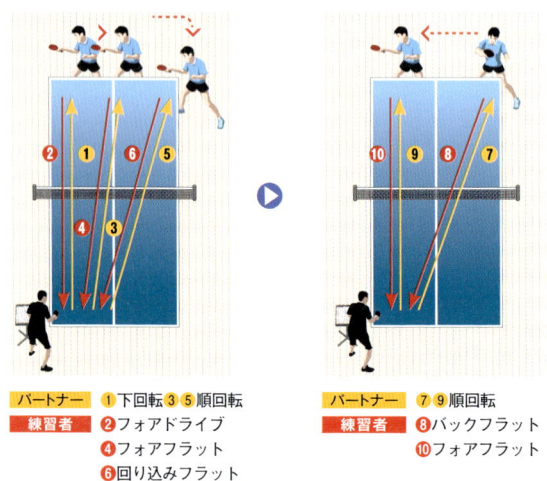

パートナー　①下回転 ③⑤順回転
練習者　❷フォアドライブ
❹フォアフラット
❻回り込みフラット

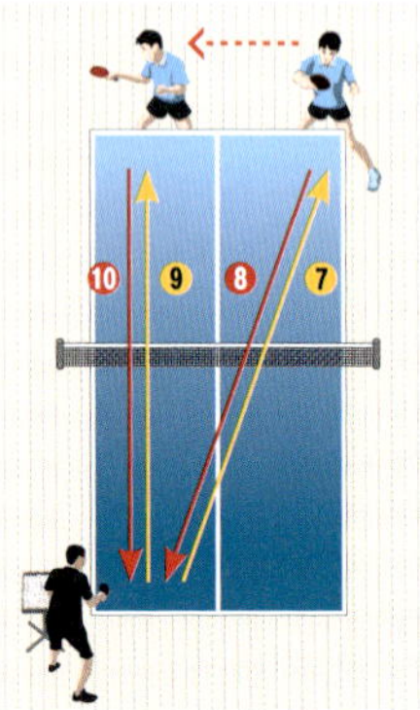

パートナー　⑦⑨順回転
練習者　❽バックフラット
❿フォアフラット

攻撃を仕掛ける

ねらい

攻撃を仕掛ける方法を身につける①

難易度 ★★★★

回数 10セット

習得できる技能

⇨ フットワーク

⇨ コンビネーション

⇨ どこに来ても打つ

Menu 028 仕掛けパターンC

▼ やり方

パートナー　バックサイドから、1球目のボールを下回転でバック側に出し、2球目以降は順回転でミドル、バック側、フォア側、バック側の順に球出しをする

練習者　出された球に対して、バックドライブ、バックフラット、バックフラット、フォアフラット、バックフラットの順に打つ

ポイント

バックが続く展開にも強くなろう

途中に一度フォアを挟むものの、仕掛けパターンでは唯一、バックハンドのショットが4つ入るパターン。**バックが続く展開を身につける**と同時に、**バックドライブの余韻を残さずにバックフラットへの切りかえもスムーズに**できるようにする

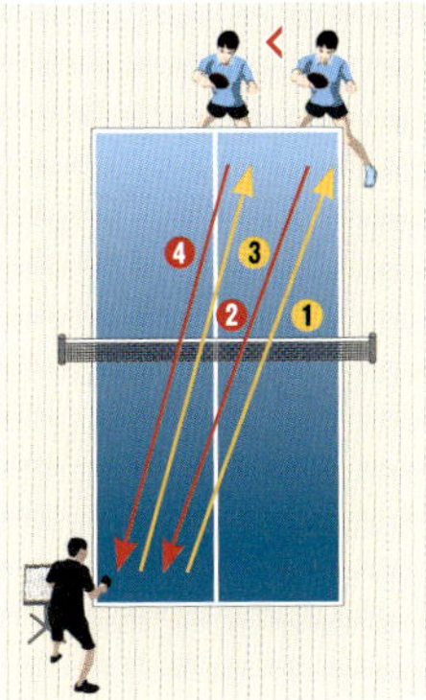

パートナー　①下回転③順回転

練習者　②バックドライブ　④バックフラット

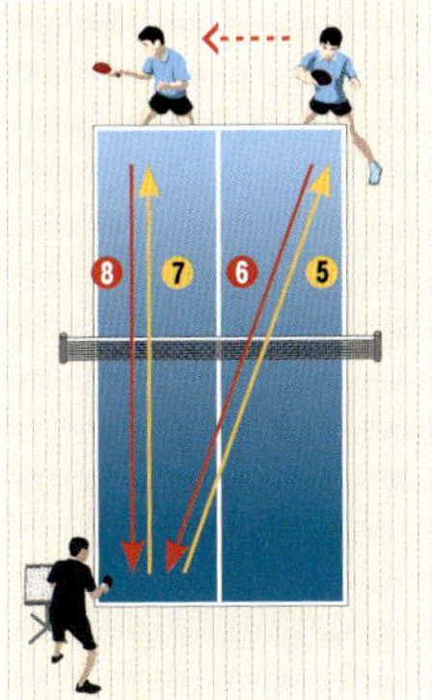

パートナー　⑤⑦順回転

練習者　⑥バックフラット　⑧フォアフラット

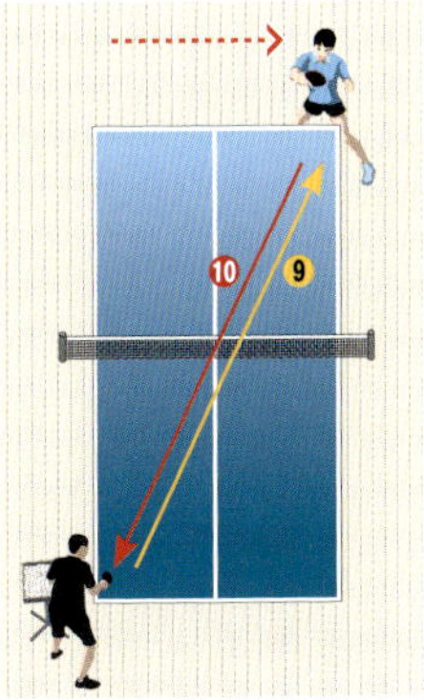

パートナー　⑨順回転

練習者　⑩バックフラット

ねらい

攻撃を仕掛ける方法を身につける②

難易度	★★★★☆
回　数	10セット

習得できる技能
- ⇨フットワーク
- ⇨コンビネーション
- ⇨どこに来ても打つ

Menu 029 仕掛けパターンA

▼やり方

パートナー バックサイドから、1球目のボールを下回転でバック側に出し、2球目以降は順回転でフォア側、ミドル、バック側、フォア側の順に球出しをする

練習者 出された球に対して、回り込みドライブ、フォアフラット、バックフラット、回り込みフラット、フォアフラットの順に打つ

❷回り込みドライブ

ポイント

ミドルからの大きな回り込みをできるようになろう

Menu022と同じように、ミドル（3打目）の後、回り込みからフラットを打つ（4打目）展開。歩幅を大きくしてしっかりと大きく回り込んでから、フラットを打つ意識を持つことが大切。ミドルから回り込むことで、大きな回り込みを身につけよう

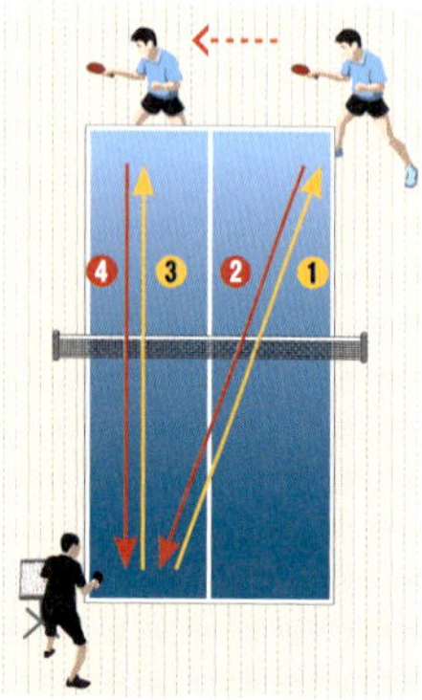

パートナー ❶下回転❸順回転
練習者 ❷回り込みドライブ
❹フォアフラット

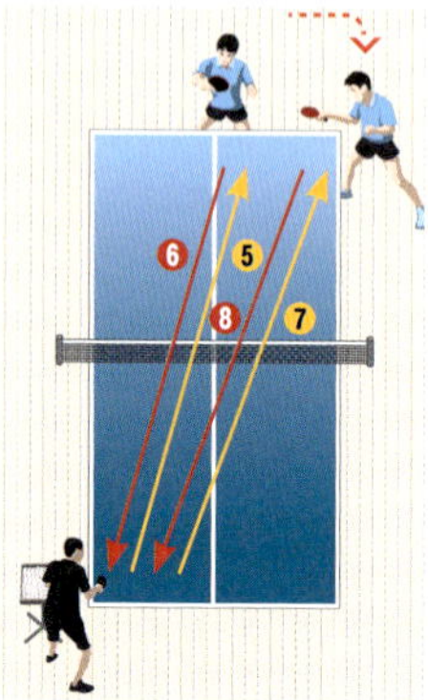

パートナー ❺❼順回転
練習者 ❻バックフラット
❽回り込みフラット

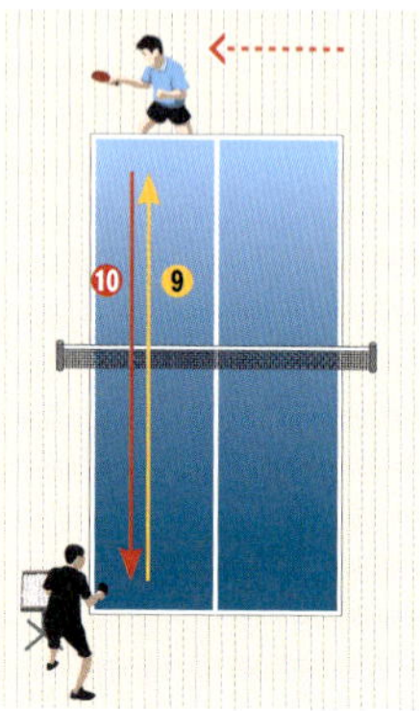

パートナー ❾順回転
練習者 ❿フォアフラット

渡辺勝男の熱血アドバイス

練習で頑張ることが大切

うまくなるためには試合よりも練習のほうが大切、というのが私の考え方です。なぜかというと、大会では試合時間しかプレーをしていませんし、1回負ければそれで終わり。となると、練習よりもプレー時間は少ないわけです。だからこそ、常にプレーをしている練習で頑張ることが大切なのです。練習や試合を通じて、教えてもらったことをちゃんと実践できるように、人間的にも成長していきましょう。

❹フォアフラット　❻バックフラット　❽回り込みフラット　❿フォアフラット

Level UP!

複数パターンを覚えてクセをつけない

「攻撃を仕掛ける方法を身につける②」では、練習者はA～Cのパターンで共通して、3打目でミドルをバックフラット、4打目で回り込み、5打目でフォアフラットという流れ。後半が同じなのに3パターンある理由はクセをつけないため。前半の展開が異なるA～Cのパターンをまんべんなくやればどういう状況でも攻められるようになる。

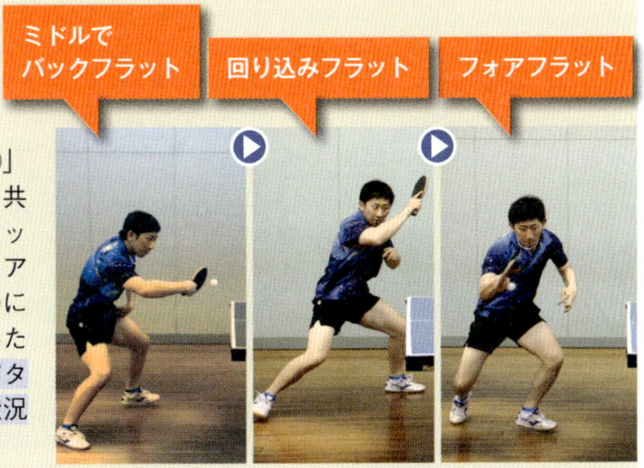

ねらい

攻撃を仕掛ける方法を身につける②

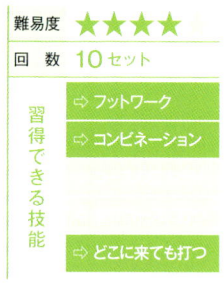

難易度 ★★★★
回数 10セット

習得できる技能
⇨フットワーク
⇨コンビネーション
⇨どこに来ても打つ

Menu 030 仕掛けパターンB

▼やり方

パートナー　バックサイドから、1球目のボールを下回転でフォア側に出し、2球目以降は順回転でバック側、ミドル、バック側、フォア側の順に球出しをする

練習者　出された球に対して、フォアドライブ、バックフラット、バックフラット、回り込みフラット、フォアフラットの順に打つ

ポイント

しっかりと回り込む

Menu029と異なり、フォアドライブ→バックフラットからミドルへと続くパターン。ここでも、やはりミドル（3打目）から大きな歩幅を意識したフットワークで、しっかりと回り込む（4打目）ことが大切になる

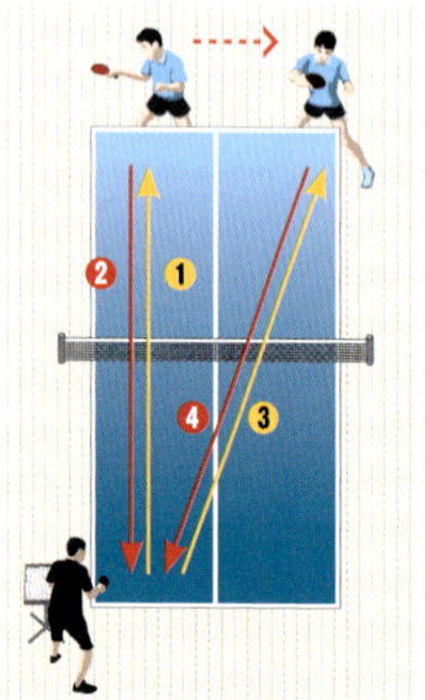

パートナー　①下回転③順回転
練習者　❷フォアドライブ
❹バックフラット

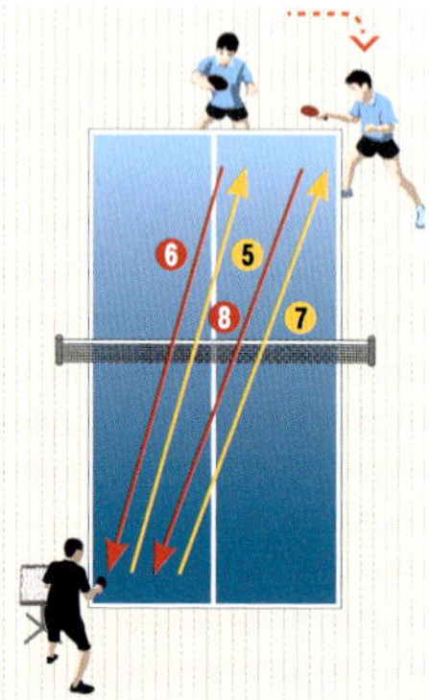

パートナー　⑤⑦順回転
練習者　❻バックフラット
❽回り込みフラット

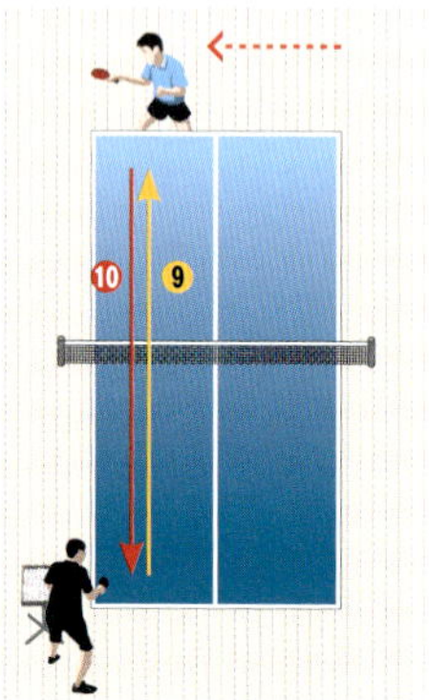

パートナー　⑨順回転
練習者　❿フォアフラット

ねらい

攻撃を仕掛ける方法を身につける②

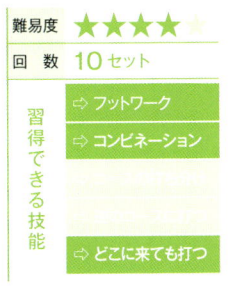

難易度	★★★★
回数	10セット

習得できる技能
- ⇨フットワーク
- ⇨コンビネーション
- ⇨どこに来ても打つ

Menu 031 仕掛けパターンC

▼やり方

パートナー　バックサイドから、1球目のボールを下回転でバック側に出し、2球目以降は順回転でフォア側、ミドル、バック側、フォア側の順に球出しをする

練習者　出された球に対して、バックドライブ、フォアフラット、バックフラット、回り込みフラット、フォアフラットの順に打つ

ポイント

どの状況でも攻撃できるようにまんべんなく練習しよう

パターンCは、バックドライブ→フォアフラットから後半の3打へとつながる展開。回り込み時の大きいフットワークはもちろんのこと、A～Cパターンをまんべんなく練習して、**どの状況でも攻撃できるようにする**ことを目指す

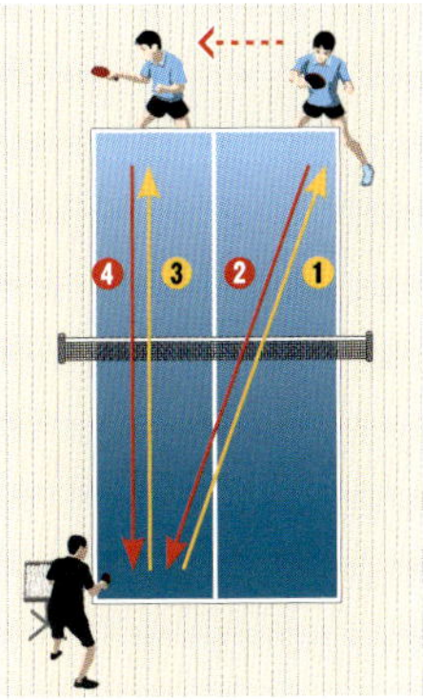

パートナー　❶下回転 ❸順回転
練習者　❷バックドライブ ❹フォアフラット

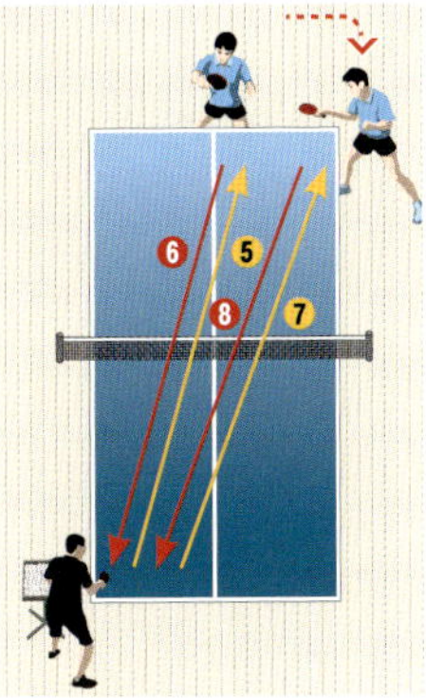

パートナー　❺❼順回転
練習者　❻バックフラット ❽回り込みフラット

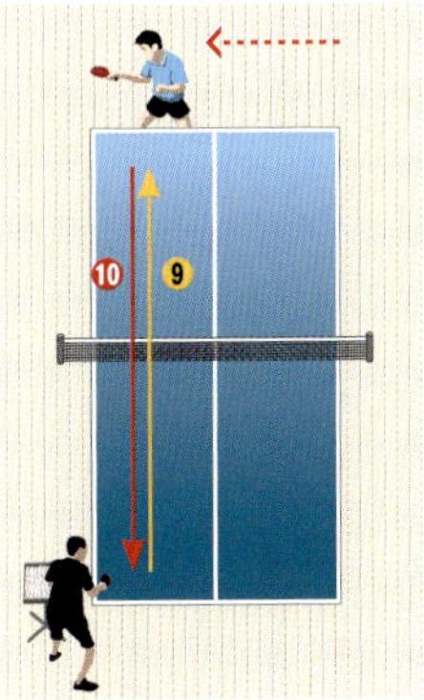

パートナー　❾順回転
練習者　❿フォアフラット

コラム 1

球出しをしながら教えるのが多球練習

丸善クラブで行う多球練習では、すべて私が球出しをしています。なぜかと言うと、選手同士でやらせていたのでは、安定して良い球を出すことができず、効率の良い練習ができないという理由もありますが、目的はほかにあります。

それは、球出しをしながら練習している選手を見たいからです。そこで選手の悪い部分を指摘したり、直すためのアドバイスをしたりすることで上達していくものではないでしょうか。生徒同士で多球練習をしても、球出しはできてもアドバイスをするのは、なかなかできることではありません。極端に言えば、ただボールを出すだけの多球練習には意味がないとも思っています。球出しをしながら、選手を見ること。これが多球練習には必要になります。

また、単にたくさん球を出すだけでもいけないと思っています。どのショットをどのコースに打つのかを決めておくことで、違う技術で打ってしまったり、変なコースに打ったりした場合に、それがミスであると気づくことができる。ラケットの芯でインパクトして、狙ったコースにしっかりと打つことが大切で、指導者が球出しをしていれば、芯に当てているかいないかの違いも見分けることができますよね。そこで、ラケットの芯に当たるようなボールを出すのではなく、芯でとらえる方法を教えてあげる。

多球練習の球出しとは、球を出すのではなく、球を出しながら教えるものだと思います。

第３章

技術と技能を身につける

技術と５つの技能を覚えるためにつくられたメニューが
この章にまとまっています。
単純なものから複雑なものまであるタフなコースですが、
ぜひチャレンジしてみましょう。

技術と技能を身につける

ねらい

フォアフラットを動いて打つ

Menu 032 フットワーク小

難易度 ★★

回　数 25セット

習得できる技能

⇨ フットワーク

▼ やり方

パートナー　バックサイドから順回転で1球目をバック側に、2球目をミドルに球出しする

練習者　出された球に対して、1球目でフォアフラットを打ったら、フットワークを使って2打目はミドルからフォアフラットを打つ

ポイント

移動しながら打つのはNG

フットワークを使っても、1本1本はしっかりと下半身を安定させて打つことが大切で、移動しながら打つのはNG。ボールを呼び込んでから打って、体の軸がブレないスイングを心がける。また、コースも狙ったところ（クロス）に打てるようにする

パートナー　①順回転

練習者　❷フォアフラット

パートナー　③順回転

練習者　❹フォアフラット

Level UP!

動く方向へまず小さく１歩を踏み出す

左右のフットワークでは基本的に２歩動を使う。2歩動のポイントは、動く方向（写真はフォア側）へ向けて、まず小さく1歩踏み出し、反対の足は後からついてくるようなイメージで先に踏み出した足に近づける。そして、最後に進行方向の足を大きく踏み出して次の打球体勢に入ること。バック側へ移動する場合も基本的には同じで、左足を先に1歩踏み出してから移動する。

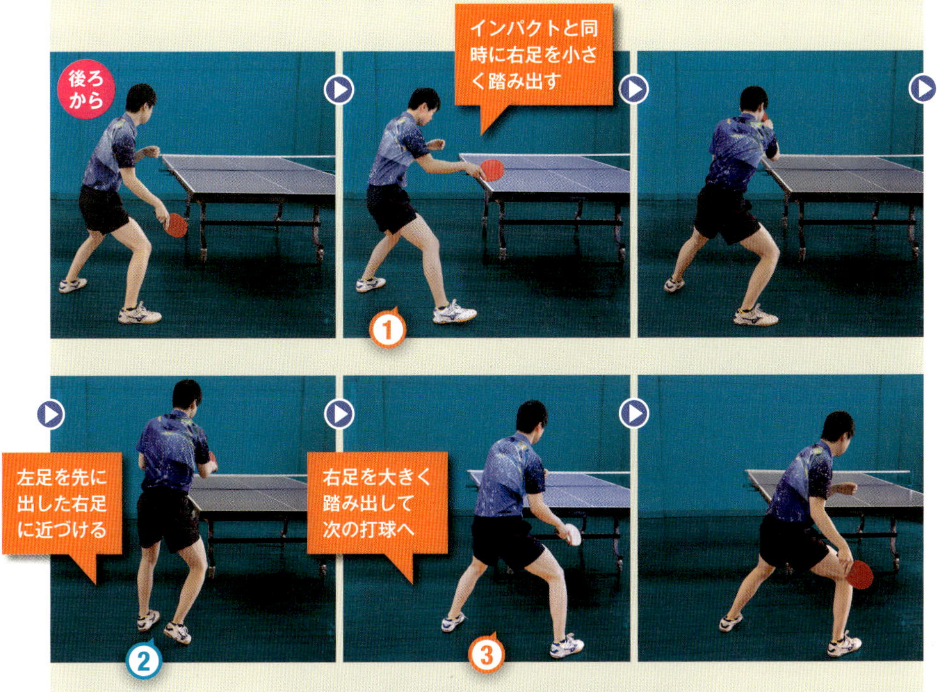
後ろから
インパクトと同時に右足を小さく踏み出す
①
左足を先に出した右足に近づける
②
右足を大きく踏み出して次の打球へ
③

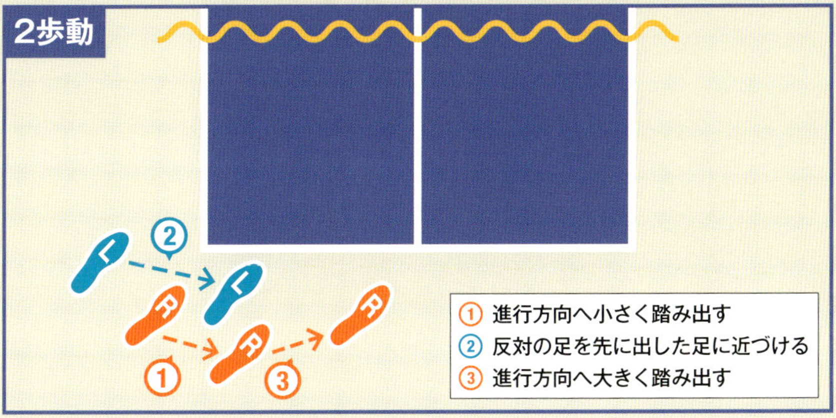
2歩動
L
R
①
②
③
① 進行方向へ小さく踏み出す
② 反対の足を先に出した足に近づける
③ 進行方向へ大きく踏み出す

技術と技能を身につける

ねらい

フォアフラットとバックフラットの切り返し①

難易度	★★
回数	25セット

習得できる技能
- ⇨ フットワーク
- ⇨ コンビネーション

Menu 033 バック・フォア小

▼やり方

パートナー　バックサイドから順回転で1球目をバック側に、2球目をミドルに球出しする

練習者　出された球に対して、1打目をバックフラットで打ったら、フットワークを使ってミドルへ移動し、フォアフラットで打つ

ポイント

手だけ伸ばして打たず しっかりと動いて打つ

バックフラットとフォアフラットを小さく切り返すコンビネーションが重要。また、バック側とミドルで打つため、フットワークで大きく動くことはないが、しっかりと足を動かしてリズムを取り、手だけを伸ばすのではなく動いて打つことを心がける

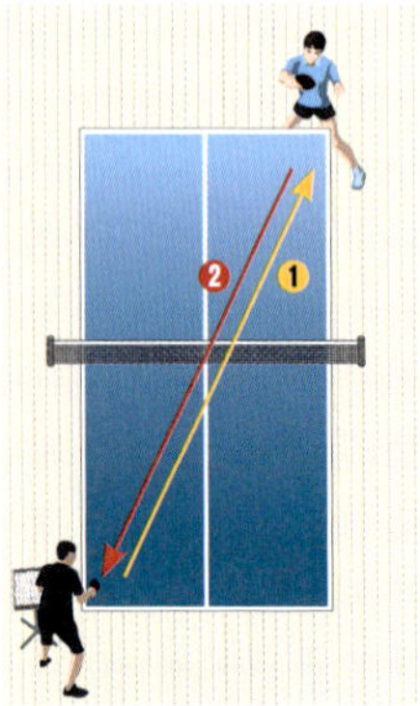

パートナー　①順回転
練習者　②バックフラット

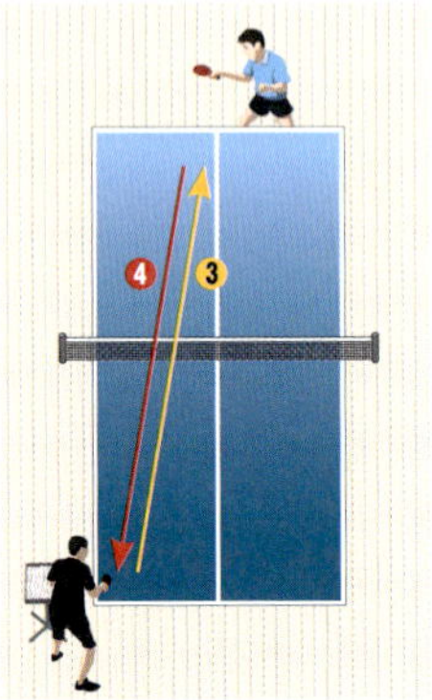

パートナー　③順回転
練習者　④フォアフラット

Level UP!

ボールを引きつけてから打つ

どのショットを打つときにも言えることだが、打てる位置にボールが来たからといって、すぐに手を出していたのでは、良いショットは打てない。大切なのは一度ボールを引きつけるようにして捕まえること。野球のバッターがテークバックを取ってボールを引きつけてから打つように、卓球でも自分のベストな打球点まで引きつけることで、より良いショットが打てる。

バック
打てる位置にボールが来ても、すぐには手を出さない
自分のほうにグッとボールを呼び込む
最も力が伝わるポイントで打つ

フォア
打てる位置にボールが来ても、すぐに手を出さない
ボールをしっかり引きつける
最も力が伝わるポイントで打つ

難易度 ★★★
回　数 17セット

ねらい

フォアフラットとバックフラットの切り返し②

Menu 034 切り返しミドル

習得できる技能
⇨ フットワーク
⇨ コンビネーション
⇨ どこに来ても打つ

❷バックフラット
バックフラットのあとに素早く回り込む
❹回り込みフラット

▼やり方

パートナー　バックサイドから順回転で1球目と2球目をバック側に、3球目をミドルに球出しする

練習者　出された球に対して、1球目をバックフラットで打ったら、回り込んで2球目をフォアフラット。フットワークを使ってミドルへ移動し、3球目をフォアフラットで打つ

ポイント

バックからの回り込みは試合で必ず必要になる

バック側からの回り込みは、試合で必ず必要な技術。また、バックを打ったあとの回り込みだけではなく、3打目でミドルからのフォアフラットを入れることで、回り込みのフットワークとフォアへの小さいフットワークを同時に行わせる

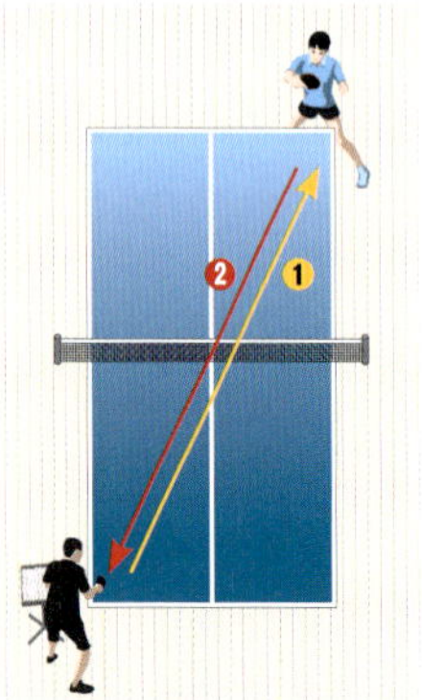

パートナー　①順回転
練習者　❷バックフラット

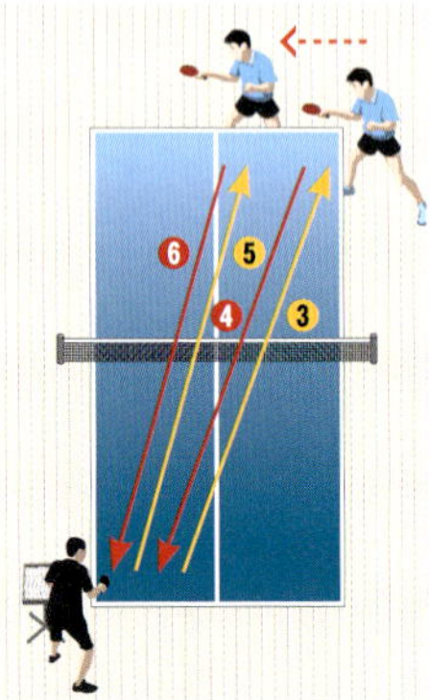

パートナー　③⑤順回転
練習者　❹回り込みフラット
❻フォアフラット

Level UP!

切り返しは体の真ん中で

シェイクのラケットを使った卓球では、フォアとバックのコンビネーション（切り返し）がとても重要になる。切り返しのポイントは、体の真ん中で切りかえるイメージ。フォアフラットを打ったあとは大きく振り切らずに、スイング自体をコンパクトにする。体の真ん中でスイングを止めるようなイメージで、バックへ切りかえるとスムーズになる。また、バックからフォアへの切り返しでも、バックハンドのスイングをコンパクトにする。

そのままフォアハンドのスイングへと移行する
スイングをコンパクトにして大きく振り切らない
体の真ん中でバックからフォアに切りかえる

難易度 ★★★★
回　数 13セット

習得できる技能
⇨フットワーク
⇨コンビネーション
⇨どこに来ても打つ

ねらい
切り返してから大きく動く

Menu 035 切り返しフォア・フォア

回り込み後に素早くフォアサイドへ
❹回り込みフラット
❻フォアフラット

▼やり方

パートナー　バックサイドから順回転で1球目と2球目をバック側に出したあと、3球目をフォア側、4球目をミドルに球出しする

練習者　1球目をバックフラットで打ったら、回り込んでからフォアフラットを打つ。そして、フォア側へ大きく動いてフォアフラットを打ったら、ミドルでもう一度フォアフラットを打つ

ポイント

回り込み後に大きくフォア側へ動く

2球目で切り返して回り込みフォアを打ったあと、大きくフォアサイドへ動いて打てるかがポイントとなる。回り込みフォアの打球が相手のコートに入ったのを見てから、フォア側に大きく動くことを意識しよう。また、最後にミドルを打つことで、繰り返して行いやすくなる

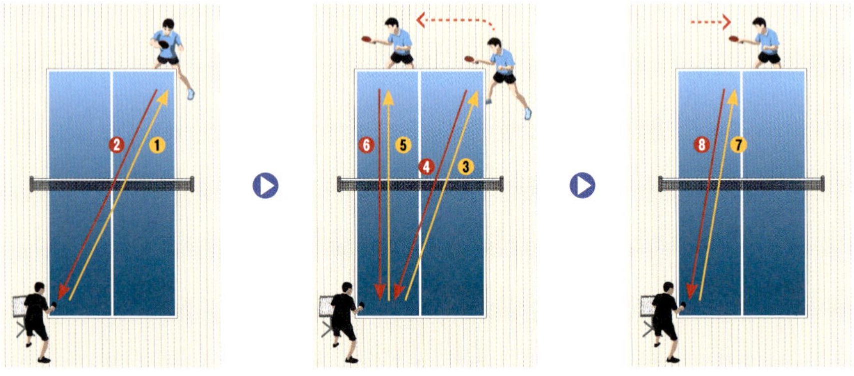

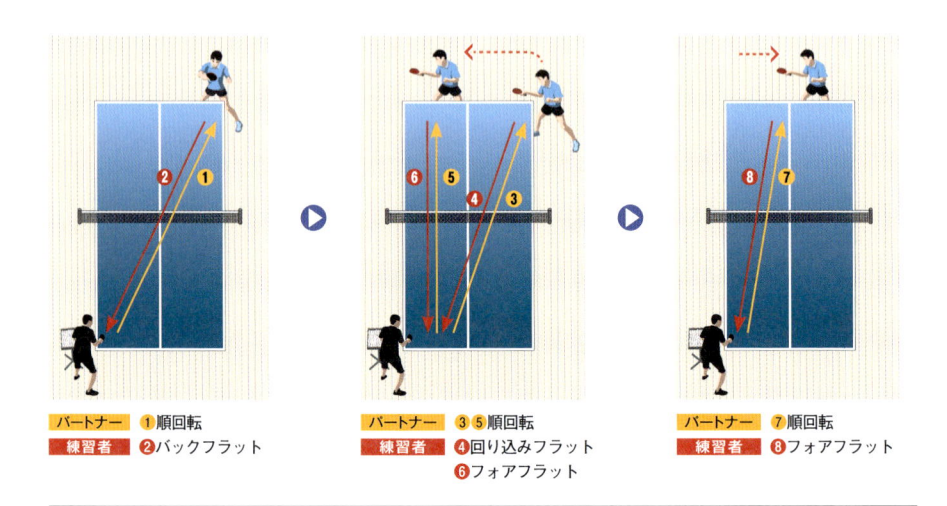

パートナー　①順回転
練習者　❷バックフラット

パートナー　③⑤順回転
練習者　❹回り込みフラット
❻フォアフラット

パートナー　⑦順回転
練習者　❽フォアフラット

難易度	★★★★
回　数	13セット

習得できる技能
- ⇨フットワーク
- ⇨コンビネーション
- ⇨どこに来ても打つ

ねらい

大きく動いてフラットを打つ

Menu 036 B·F·B·回り込みフォア

❹フォアフラット
フォア側から
バック側へは
足が出づらい
ので注意！
❻バックフラット

▼やり方

パートナー　バックサイドから順回転でバック側、フォア側、バック側と3球目までを交互に出したあと、4球目はバック側に球出しをする

練習者　1球目をバックフラットで打ったあとは、フォア側でフォアフラット、バック側に戻ってバックフラット、最後は回り込みフラットの順に打つ

ポイント

フォア↔バックの切り返しをスムーズに

ここまでの切り返し練習の発展形。フォアからバックに切り返すだけではなく、バックからフォアの切り返しもできるようにならなければいけない。それを大きく動きながら行うことで、**どんな状況でも切り返しがスムーズに**できるようにする。

パートナー　①③順回転
練習者　❷バックフラット
❹フォアフラット

パートナー　⑤順回転
練習者　❻バックフラット

パートナー　⑦順回転
練習者　❽回り込みフラット

ねらい
フォアとバックのコンビネーション

難易度 ★★

回数 13セット

習得できる技能
- ⇨ フットワーク
- ⇨ コンビネーション

Menu 037 F·B·回り込みフォア·F

❷フォアフラット
フォアフラットの連続ではリズムを大切に！

▼ やり方

パートナー　バックサイドから順回転で1球目をフォア側に出したあと、2球目と3球目をバック側に、4球目をフォア側に出す

練習者　1球目をフォアフラット、2球目をバックフラットで打ったあと、3球目は回り込みからフォアフラット、そして4球目でフォア側に移動してフォアフラットを打つ

ポイント

フォアの打ち遅れに注意しよう

このメニューを繰り返し行うと、4打目のフォアフラットと次の1打目のフォアフラットで続けてフォアを打つことになる。スイングの大きいフォアが続くと打ち遅れることが多いので、準備を早くして1球1球待ってから打つというリズムを大切にしよう

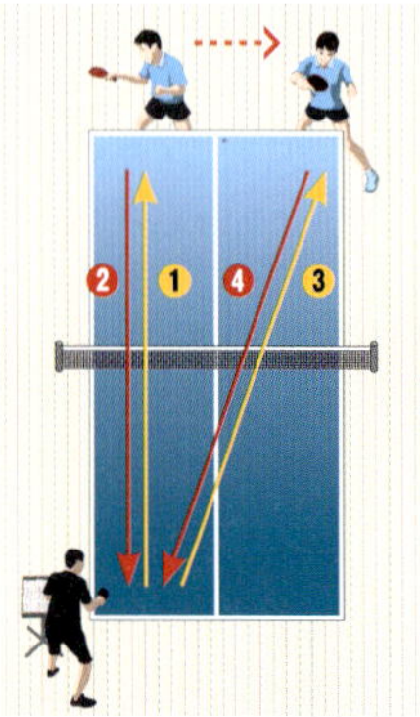

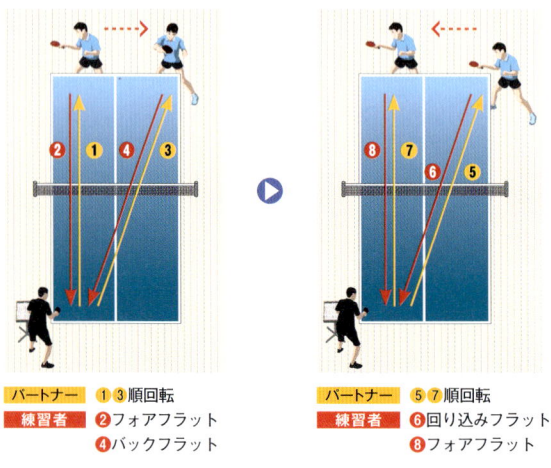

パートナー　①③順回転
練習者　❷フォアフラット　❹バックフラット

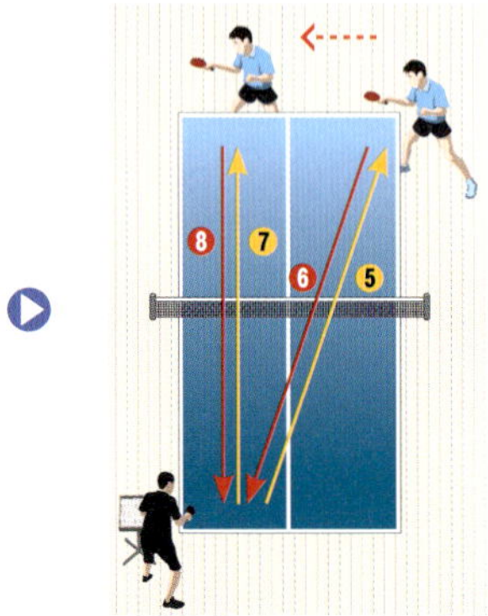

パートナー　⑤⑦順回転
練習者　❻回り込みフラット　❽フォアフラット

技術と技能を身につける

ねらい
コンビネーション+フットワーク

Menu 038 B+フットワーク大小

難易度 ★★★
回数 10セット

習得できる技能
⇨フットワーク
⇨コンビネーション
⇨どこに来ても打つ

▼やり方

パートナー　バックサイドから順回転で1球目と2球目をバック側に出したあとは、ミドル、バック側、フォア側の順に球出し

練習者　1球目をバックフラット、2球目を回り込みフラットで打ったあと、3打目はミドルでフォアフラットを打つ。そして、再びバック側での回り込みフラットから、フォアサイドにフットワークで大きく動いてフォアフラットを打つ

ポイント

大小のフットワークを使い分ける

回り込みから小さいフットワークを使ってミドルでフォアフラット、回り込みから大きいフットワークを使ってフォアサイドでフォアフラットと、大小のフットワークを使い分ける。また、最初にバックフラットを打たせることで、フォアとバックの切り返しが練習できるほか、繰り返しの際にもスムーズに移行できるようになる

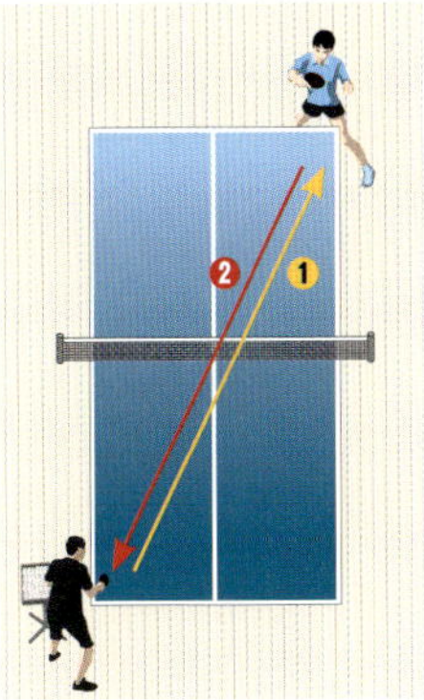

パートナー　❶順回転
練習者　❷バックフラット

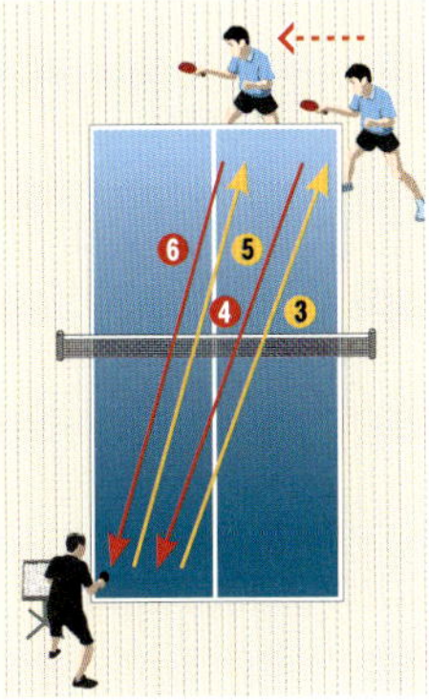

パートナー　❸❺順回転
練習者　❹回り込みフラット
❻フォアフラット

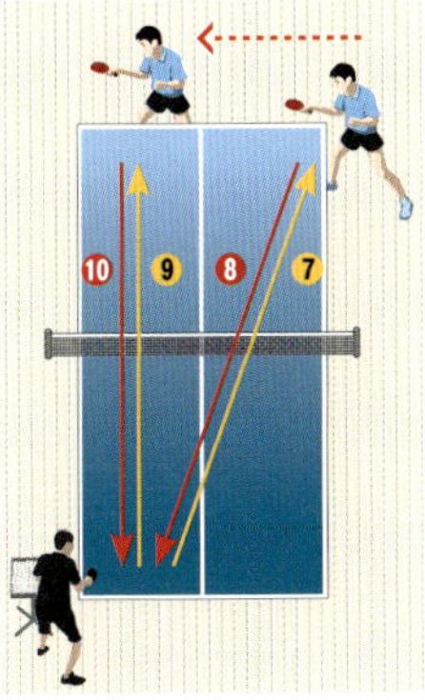

パートナー　❼❾順回転
練習者　❽回り込みフラット
❿フォアフラット

難易度 ★★★

回数 13セット

習得できる技能

⇨フットワーク

⇨コンビネーション

⇨どこに来ても打つ

ねらい

大小のフットワークを身につける

Menu 039 バック・フォアア大小

▼やり方

パートナー　バックサイドから順回転で1球目をバック側に出したあとは、ミドル、バック側、フォア側の順に球出し

練習者　小さいフットワークと大きいフットワークを使いながら左右に動き、バックフラットとフォアフラットを交互に打つ

ポイント

切り返しのリズムをつかもう

1打目のバックフラットのあとは、小さく切り返してミドルでフォアフラット。3打目のバックフラットのあとは大きいフットワークでフォアサイドへと大小のフットワークをしっかり使い分けて動くこと。**バックとフォアの切り返しをしながら、動いて打つリズムをつかむ**

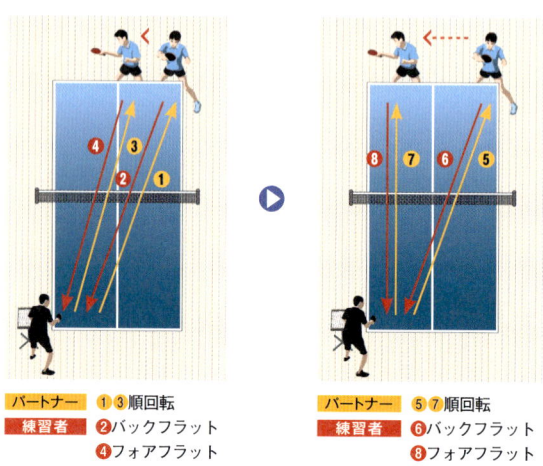

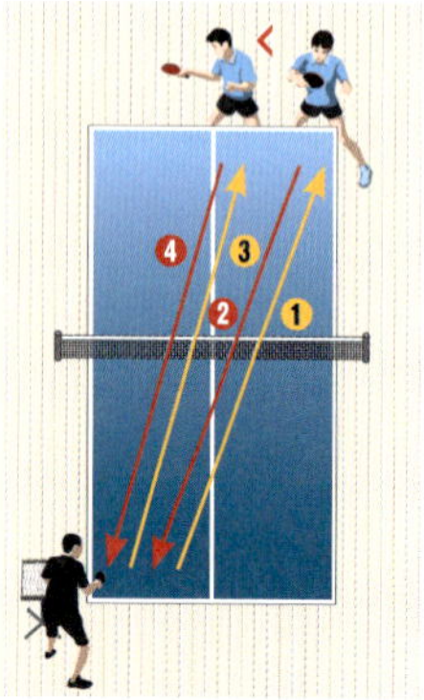

パートナー　①③順回転
練習者　❷バックフラット　❹フォアフラット

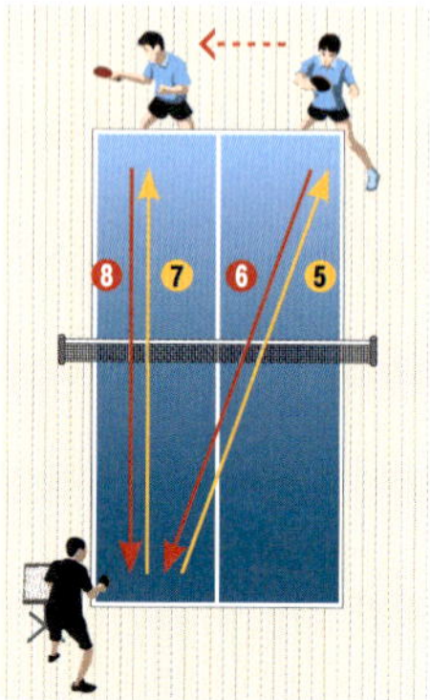

パートナー　⑤⑦順回転
練習者　❻バックフラット　❽フォアフラット

Level UP!

大きいフットワークも2歩動で

回り込み後やバック側から、フォアサイドへと動く大きいフットワークも、基本的には小さいフットワーク（P65参照）と同じ2歩動になる。違いがあるとすれば、それは1歩1歩の歩幅を大きくするということ。大きいフットワークを使う場面で十分に動けていなかったり、手だけを伸ばして打っていたりする人も多いため、しっかりと「動いて打つ」というリズムを身につけることが大切になる。

後ろから
インパクトと同時くらいで進む方向に１歩踏み出す
①
反対の足を先に踏み出した足に引きつけるように
②
大きい歩幅を意識して、フォア側へ大きく踏み出す
③

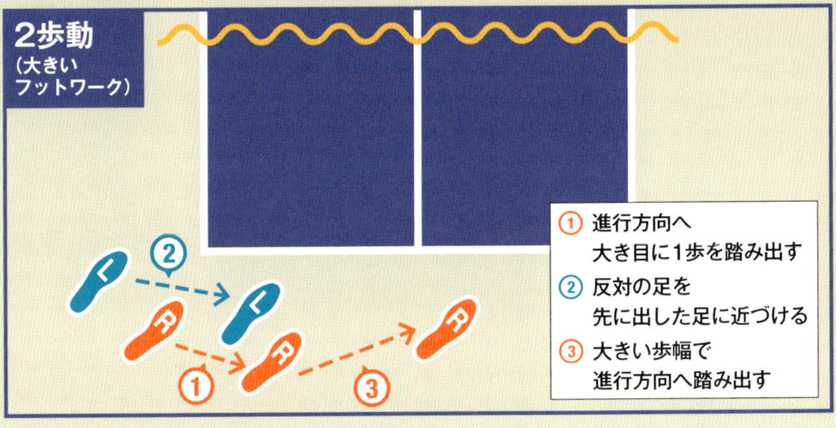
2歩動
（大きいフットワーク）
L
R
①
②
③
① 進行方向へ大き目に1歩を踏み出す
② 反対の足を先に出した足に近づける
③ 大きい歩幅で進行方向へ踏み出す

技術と技能を身につける

ねらい

切り返しをスムーズにする

Menu 040 切り返しバック·フォア

難易度 ★★★
回数 13セット

習得できる技能
- フットワーク
- コンビネーション
- どこに来ても打つ

❷バックフラット
バック・フォアの切りかえをスムーズに
❹回り込みフラット

▼やり方

パートナー バックサイドから順回転で1～3球目をバック側に続けて出し、最後にフォア側へ出す

練習者 フォアとバックを切り返しながら、バックフラット、回り込みフラット、バックフラット、フォアフラットの順で打っていく

ポイント

フットワークを使って切り返しをスムーズにしよう

バック側からの回り込みと戻りのフットワークを使って3球目までを打ち、最後はフォアへの大きなフットワーク。また、続けて行えばバック側への大きなフットワークも加わる。フットワークを使いながら、バックとフォアの切り返しをスムーズにできるよう心がける

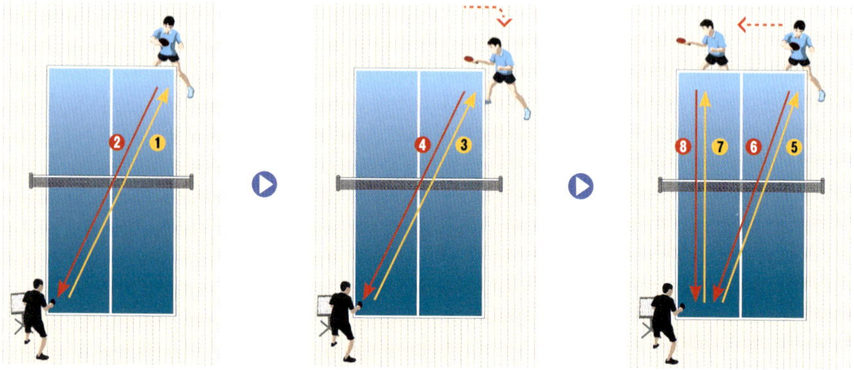

パートナー ❶順回転
練習者 ❷バックフラット

パートナー ❸順回転
練習者 ❹回り込みフラット

パートナー ❺❼順回転
練習者 ❻バックフラット
❽フォアフラット

難易度	★★★★
回　数	10セット

習得できる技能
⇨フットワーク
⇨コンビネーション
⇨どこに来ても打つ

ねらい
レシーブから攻撃する①

Menu 041 バック前フリックからの仕掛け①

❷バック前フリック
甘いサーブを見逃さず、フリックで攻撃！

▼ やり方

パートナー　バックサイドから下回転の短いボールをバック前に出す。そのあとは順回転でバック側、フォア側と出したら、最後に2球続けてバック側に球出しをする

練習者　1球目でバック前フリックを打ったあとは、バックフラット、フォアフラット、バックフラット、回り込みスマッシュの順で打つ

ポイント

チャンスボールをバックフリックで攻撃

1球目は相手のショートサーブが甘くなったと想定。そこで、すかさず前に詰めてバックフリックで攻撃すること。そこから自分の展開へとつなげて、最後は回り込みスマッシュで決めにいくまでが1つのパターンとなる

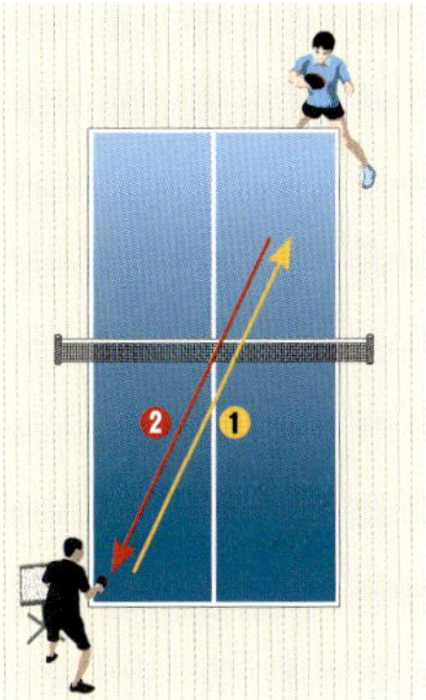

パートナー　❶下回転の甘いボールを短く
練習者　❷バック前フリック

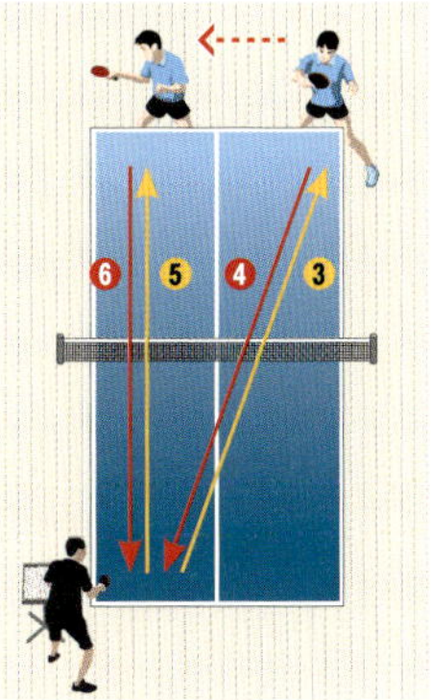

パートナー　❸❺順回転
練習者　❹バックフラット
❻フォアフラット

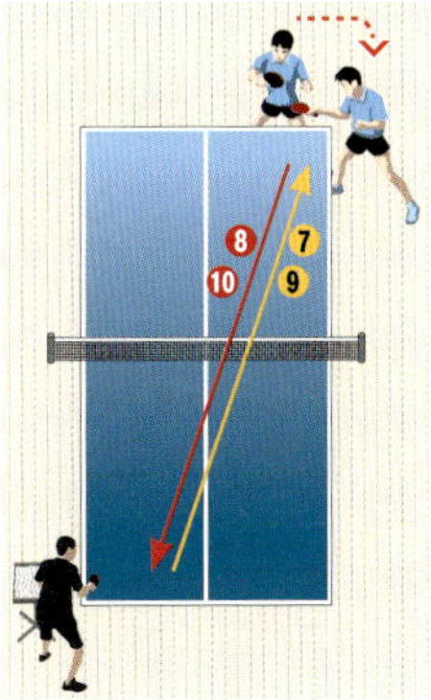

パートナー　❼❾順回転
練習者　❽バックフラット
❿回り込みスマッシュ

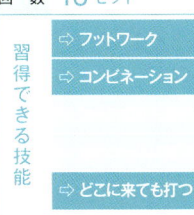

難易度 ★★★★

回 数 10セット

習得できる技能
- ➪フットワーク
- ➪コンビネーション
- ➪どこに来ても打つ

ねらい

レシーブから攻撃する②

Menu 042 バック前フリックからの仕掛け②

❽回り込みフラット
最後の回り込みとフォアフラットで得点に結びつける
❿フォアフラット

▼やり方

パートナー バックサイドから下回転の短いボールをバック前に出す。そのあとは順回転でフォア側に1球出したあと、2球続けてバック側に出し、最後にもう一度フォア側へ球出しをする

練習者 1球目でバック前フリックを打ったあとは、フォアフラット、バックフラット、回り込みフラット、フォアフラットの順で打つ

ポイント

チャンスに反応できるようになろう

これもMenu041と同様に、相手のショートサーブが甘くなったと想定した仕掛けパターン。せっかく相手のサーブが甘くなっても、反応できなければ攻撃につなげられない。フリックの技術を高めて、しっかりと攻めていけるようにする

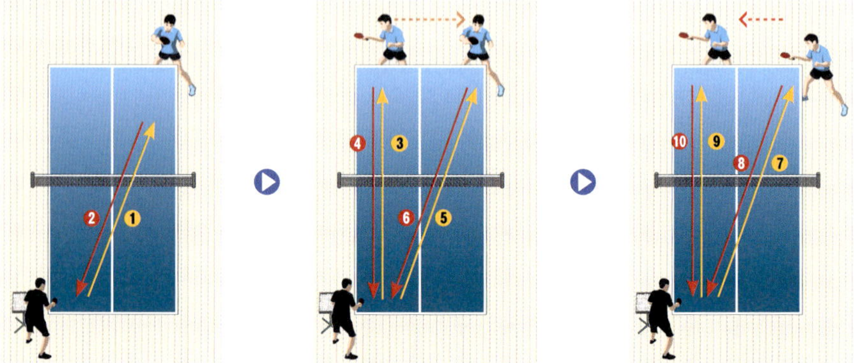

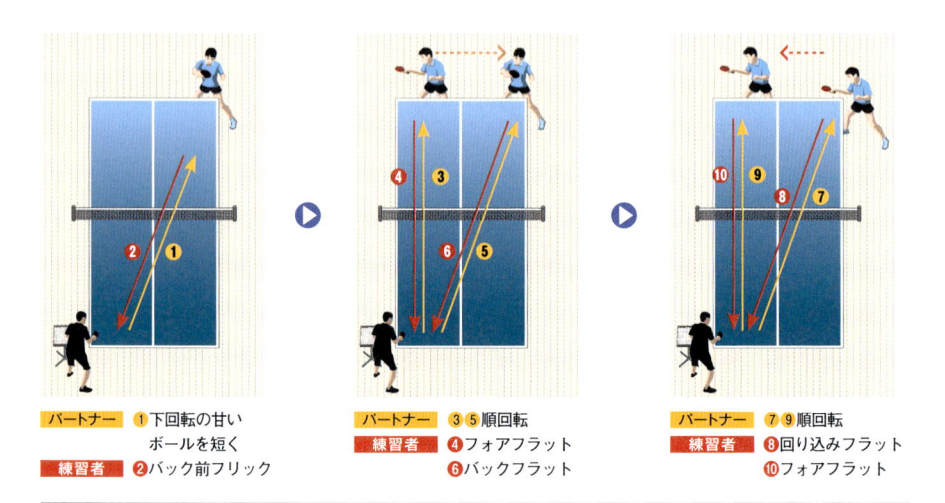

パートナー ①下回転の甘いボールを短く
練習者 ②バック前フリック

パートナー ③⑤順回転
練習者 ④フォアフラット
⑥バックフラット

パートナー ⑦⑨順回転
練習者 ⑧回り込みフラット
⑩フォアフラット

技術と技能を身につける

難易度	★★★★
回数	10セット

習得できる技能
⇨ フットワーク
⇨ コンビネーション
⇨ どこに来ても打つ

ねらい

レシーブから攻撃する③

Menu 043 フォア前フリックからの仕掛け①

▼ やり方

パートナー　フォアサイドから下回転の短いボールをフォア前に出す。そのあとは順回転でフォア側に1球出したあと、2球続けてバック側に出し、最後にもう一度フォア側へ球出しをする

練習者　1球目でフォア前フリックを打ったあとは、フォアフラット、バックフラット、バックフラット、フォアスマッシュの順で打つ

ポイント

フリックから攻撃につなげる

相手のショートサーブが甘くなったと想定して、フォア前フリックから攻撃を仕掛けていく展開を身につける。まずは、フォア前フリックを思いきりよく打って攻撃につなげることを目指す

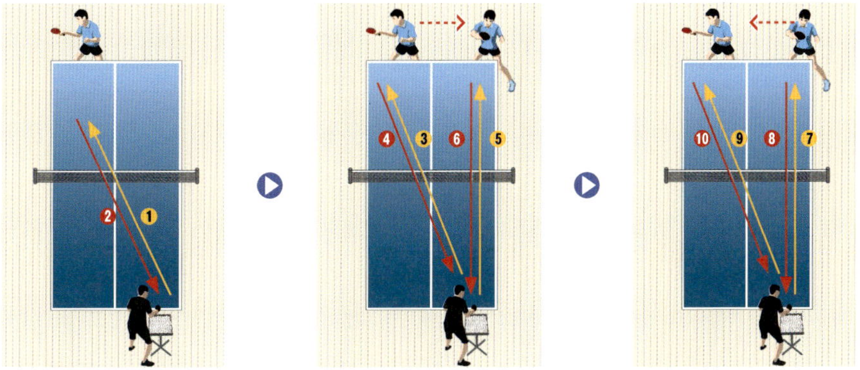

パートナー ❶下回転の甘いボールを短く
練習者 ❷フォア前フリック

パートナー ❸❺順回転
練習者 ❹フォアフラット
❻バックフラット

パートナー ❼❾順回転
練習者 ❽バックフラット
❿フォアスマッシュ

難易度	★★★★
回数	10セット

習得できる技能
⇨ フットワーク
⇨ コンビネーション
⇨ どこに来ても打つ

ねらい
レシーブから攻撃する④

Menu 044 フォア前フリックからの仕掛け②

❷フォア前フリック
相手の甘いサーブに早く反応してフォア前フリック

▼やり方

パートナー　フォアサイドから下回転の短いボールをフォア前に出す。そのあとは順回転でバック側に続けて2球出したあと、フォア側、バック側へと球出しをする

練習者　1球目でフォア前フリックを打ったあとは、バックフラット、回り込みフラット、フォアフラット、バックフラットの順で打つ

ポイント

決め球を打つときはコースフリー

多球練習では、基本的にパートナーのほうを狙って打つが、2章「攻撃を仕掛ける」でもお話しした通り、最後が決め球になる場合はコースはフリーでOK。このメニューでも、**最後のバックフラットは、クロスに強打して決めにいっても良い**

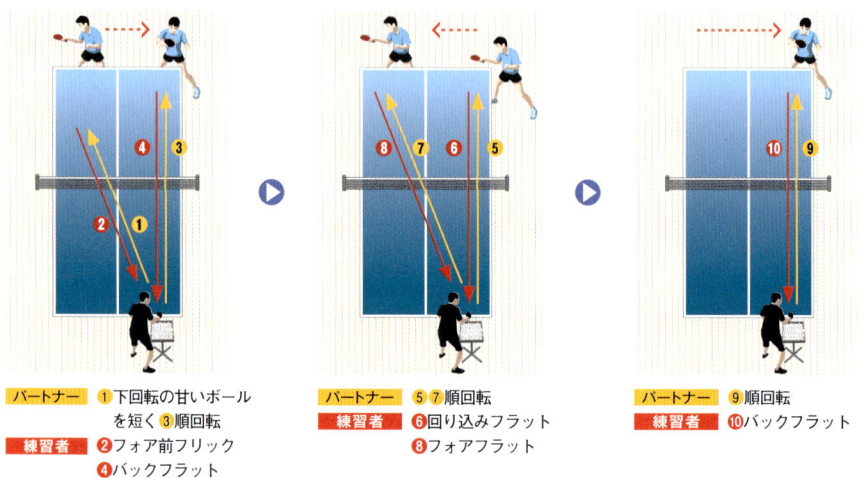

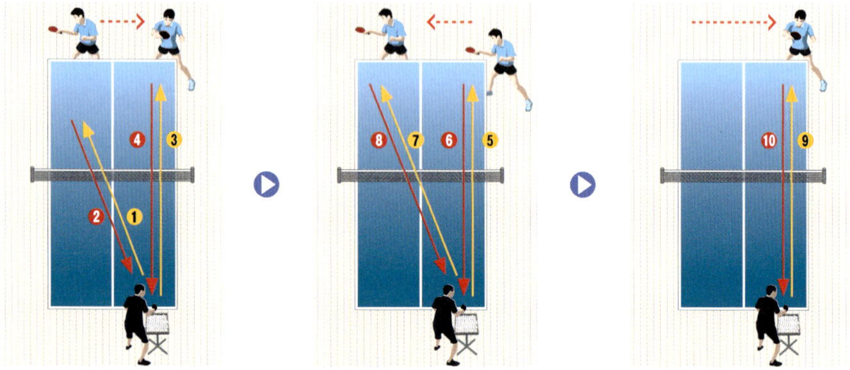

パートナー　①下回転の甘いボールを短く ③順回転
練習者　❷フォア前フリック ❹バックフラット

パートナー　⑤⑦順回転
練習者　❻回り込みフラット ❽フォアフラット

パートナー　⑨順回転
練習者　❿バックフラット

Level UP!

相手の打球をよく見て、勢いよく前へつめる

いくら短いサーブが来たからといって、それが低かったりキレていたりすればフリックで攻撃につなげるのは難しい。相手の打球をよく見て、甘い球が来たと思ったら勢いよく前につめていくこと。また、レシーブ時に使うフリックでは、ラリー中に使うフリックよりも足を踏み出すことが大切。ボールがバウンドする真下に足を出すイメージで踏み込んで打つ。

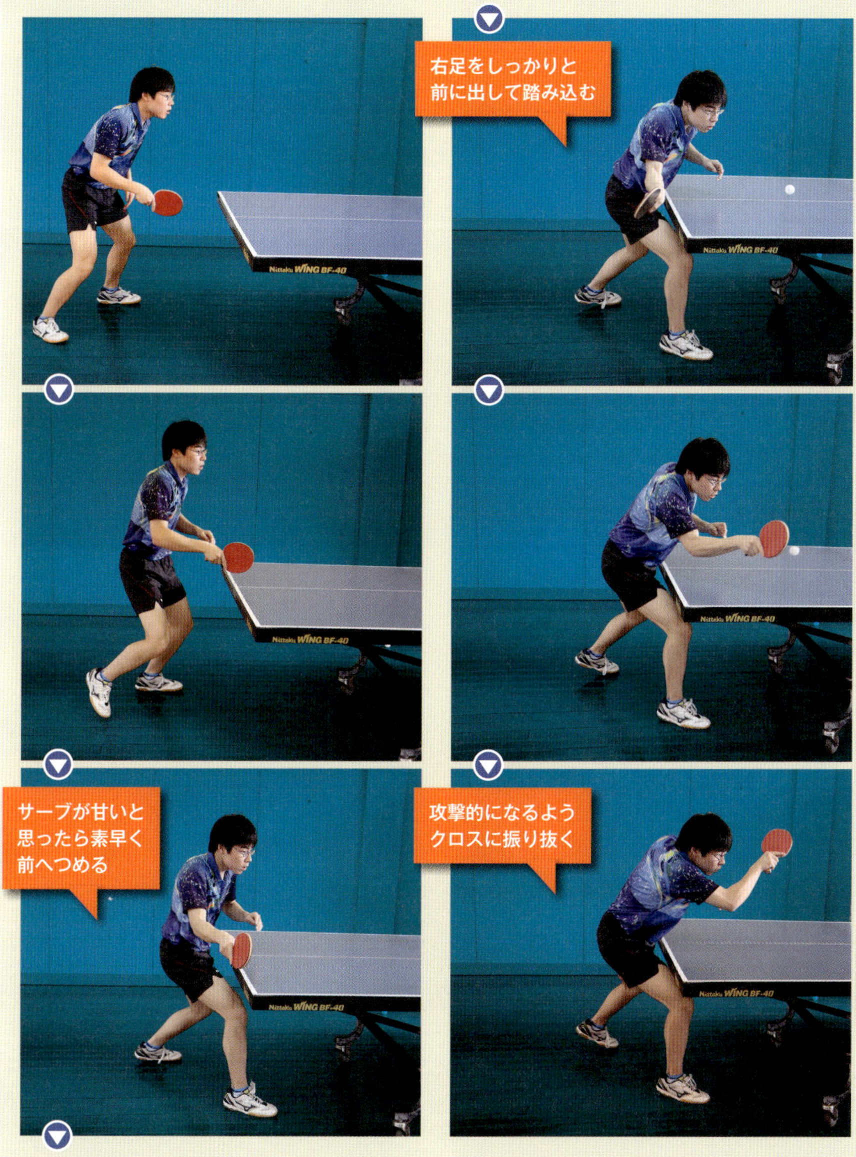
右足をしっかりと前に出して踏み込む
サーブが甘いと思ったら素早く前へつめる
攻撃的になるようクロスに振り抜く

難易度	★★★★
回数	17セット

習得できる技能
- ⇨ フットワーク
- ⇨ コンビネーション
- ⇨ どこに来ても打つ

ねらい
レシーブから攻撃する⑤

Menu 045 ドライブで先手を取る①

▼やり方

パートナー　バックサイドから、下回転のボールをバック側、フォア側、バック側の順番に球出しをする

練習者　1球目を回り込みドライブで打ったあとは、2球目をフォアドライブ、3球目をバックドライブで返球する

ポイント

ドライブで先手を取っていく

相手の下回転サーブが長くなった場合や、長いツッツキを打って来た場面を想定し、ドライブで先手を取っていくことが目的。台のどこからでもドライブを打って、安定性のある攻撃ができれば、攻撃の幅を広げられるようになる

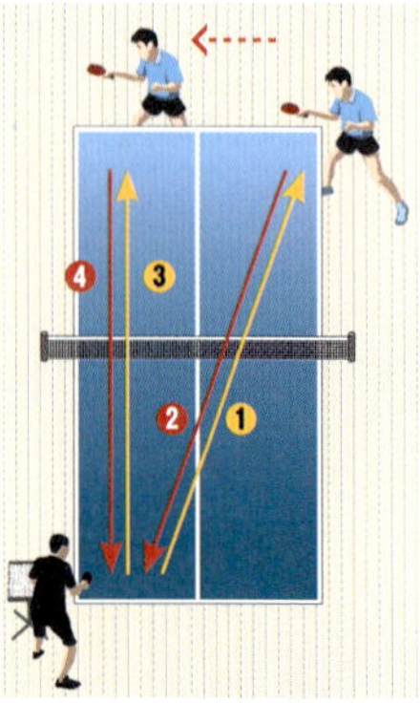

パートナー　①③下回転
練習者　❷回り込みドライブ
❹フォアドライブ

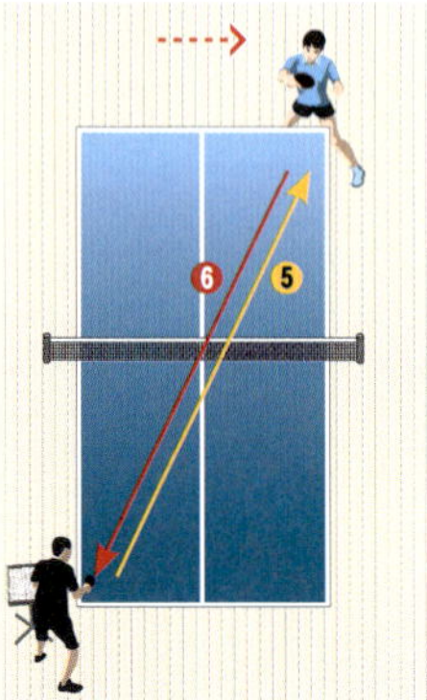

パートナー　⑤下回転
練習者　❻バックドライブ

難易度 ★★★★
回数 8セット

ねらい

レシーブから攻撃する⑥

Menu 046 ドライブで先手を取る②

習得できる技能
⇨ フットワーク
⇨ コンビネーション
⇨ どこに来ても打つ

❷回り込みドライブ
仕掛けたあとの球にしっかり対応
❹バックフラット

▼ やり方

パートナー　下回転と順回転を交互にして、バック側に続けて2本、フォア側、バック側、バック側に続けて2本の順番で球出しする

練習者　ドライブを打つごとにバックサイドに戻ってバックフラットを打ちながら、1打目を回り込みドライブ、3打目をフォアドライブ、5打目をバックドライブで打つ

ポイント

仕掛けたあとの球にしっかり対応

Menu045のドライブの間にバックフラットを挟んだ内容。試合ではドライブで仕掛けて終わりではなく、次の球をバックフラットで返球できなければ勝てるようにはならない。仕掛けたあとの球までしっかり対応できるようになることを目指す

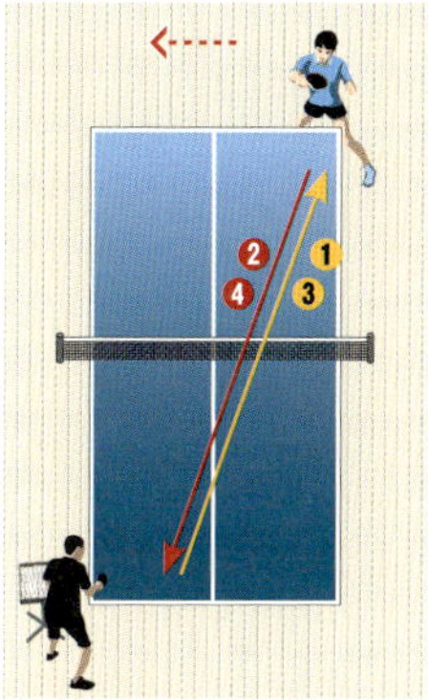

パートナー　❶下回転❸順回転
練習者　❷回り込みドライブ　❹バックフラット

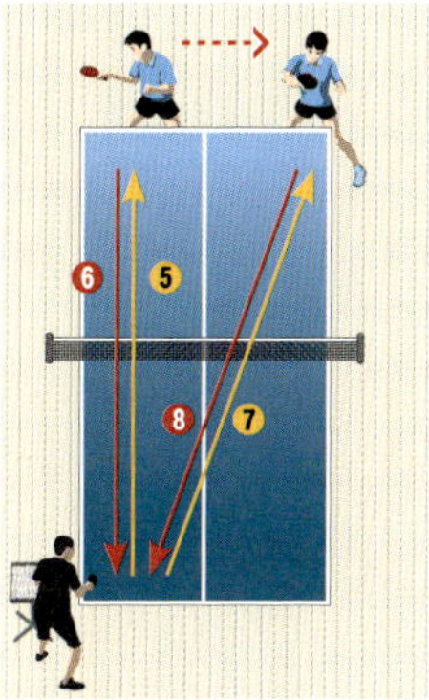

パートナー　❺下回転❼順回転
練習者　❻フォアドライブ　❽バックフラット

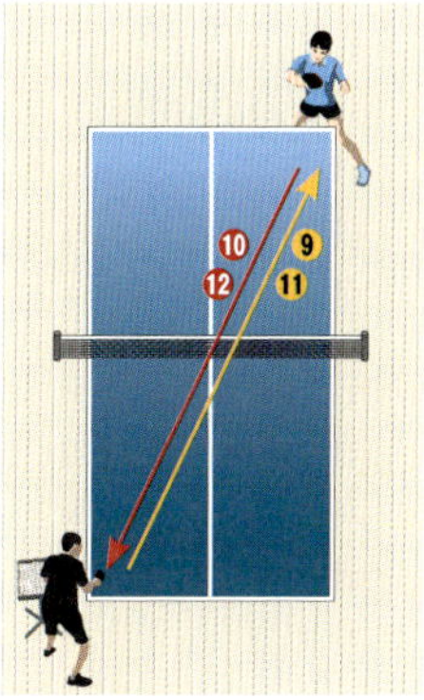

パートナー　❾下回転⓫順回転
練習者　❿バックドライブ　⓬バックフラット

難易度 ★★★★

回　数 8セット

習得できる技能

⇨フットワーク

⇨コンビネーション

⇨どこに来ても打つ

ねらい

レシーブから攻撃する⑦

Menu 047 ツッツキからの仕掛け①

❷フォアツッツキ
ミドルでフォアツッツキの
感覚をつかむ

▼やり方

パートナー　バックサイドから下回転の短いボールと長いボールを交互に球出しする。コースは短いボールはすべてミドルに出し、長いボールはバック側、フォア側、バック側の順に出す

練習者　短いボールに対してはフォアツッツキ、長いボールは回り込みドライブ、フォアドライブ、バックドライブの順に打つ

ポイント

ミドルでフォアツッツキの感覚をつかむ

フォア前でツッツキをさせると、初心者の場合は良いツッツキを打つのはなかなか難しい。ミドルでフォアツッツキを打たせることでラケットが出しやすく、感覚をつかむことができる。また、ツッツキのあとは攻撃へとつなげる意識もしっかり持つこと

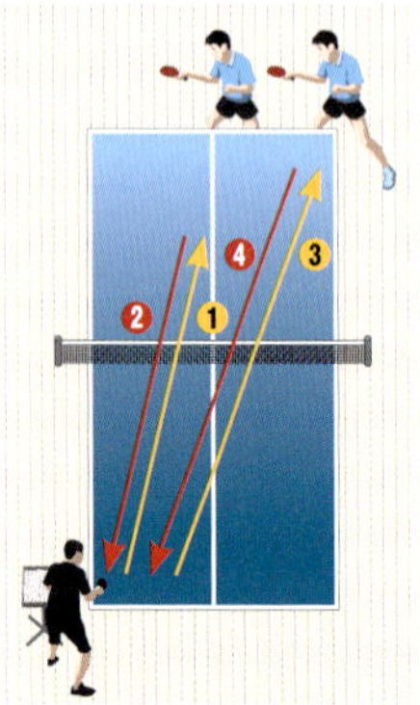

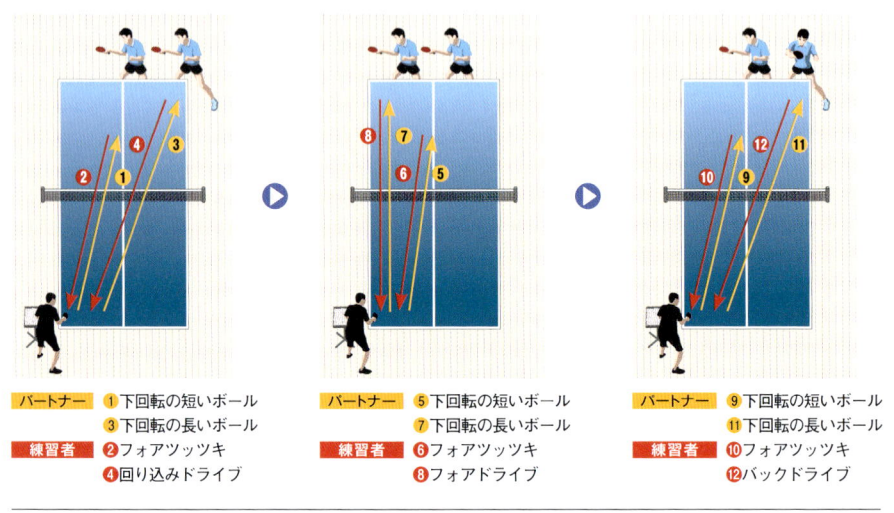

パートナー　❶下回転の短いボール
❸下回転の長いボール
練習者　❷フォアツッツキ
❹回り込みドライブ

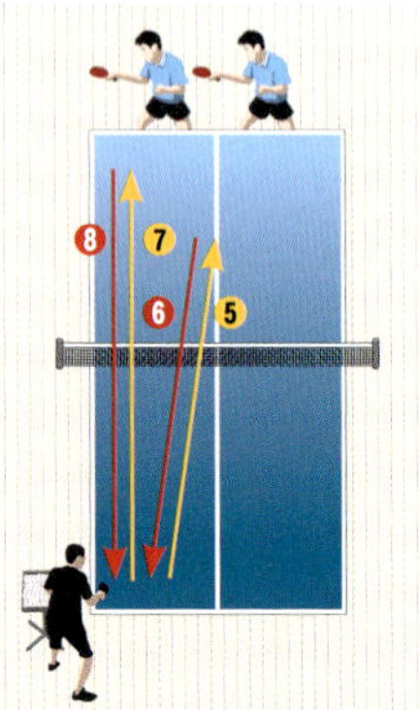

パートナー　❺下回転の短いボール
❼下回転の長いボール
練習者　❻フォアツッツキ
❽フォアドライブ

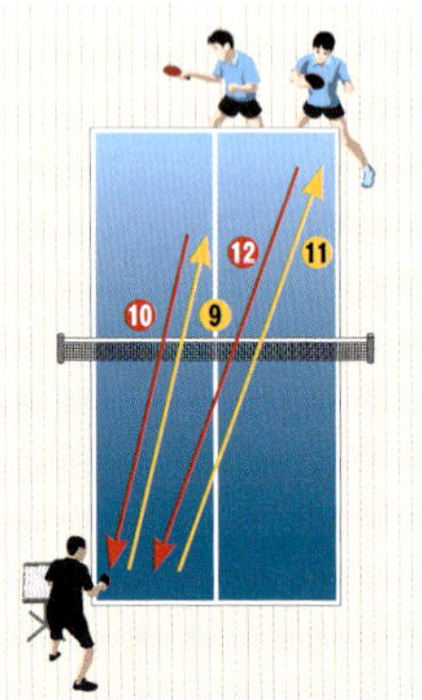

パートナー　❾下回転の短いボール
⓫下回転の長いボール
練習者　❿フォアツッツキ
⓬バックドライブ

Level UP!

ツッツキでスライス球を打つ方法

フォア・バックのツッツキでは、ともにスライス回転をかけたボールが効果的。フォアツッツキの場合はボールの左横をとって右横回転をかけた打球をクロスへ、バックツッツキの場合はボールの右横をとって左横回転をかけた打球をストレートへ打つことで、相手からすると台のサイドを切って自分から離れていくような軌道になる。それぞれ試合で打てるように練習していこう。

フォア
ボールの左横をとって
右横回転をかける
バック
ボールの右横をとって
左横回転をかける

難易度 ★★★★
回　数 8セット

ねらい
レシーブから攻撃する⑧

Menu 048 ツッツキからの仕掛け②

習得できる技能
- ⇨ フットワーク
- ⇨ コンビネーション
- ⇨ どこに来ても打つ

❻バック
ツッツキ
バックツッツキ
からドライブで
仕掛ける
❽フォアドライブ

▼ やり方

パートナー　バックサイドから下回転の短いボールと長いボールを交互に球出しする。コースは短いボールはすべてバック前に出し、長いボールはバック側、フォア側、バック側の順に出す

練習者　短いボールに対してはバックツッツキ、長いボールは回り込みドライブ、フォアドライブ、バックドライブの順に打つ

ポイント

バックツッツキの精度を上げ ドライブ攻撃へつなげる

Menu047をバック前ツッツキにしたパターン。**バックツッツキは、フォアツッツキに比べるとラケットが出しやすく、ツッツキの感覚を覚えやすい。**バックツッツキの精度を上げて、ドライブから攻撃へとつなげることを目指す

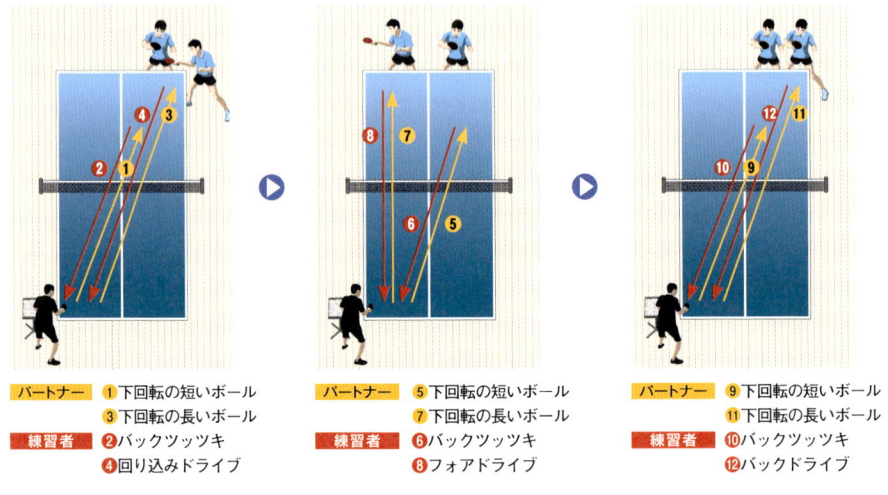

パートナー　①下回転の短いボール　③下回転の長いボール
練習者　②バックツッツキ　④回り込みドライブ

パートナー　⑤下回転の短いボール　⑦下回転の長いボール
練習者　⑥バックツッツキ　⑧フォアドライブ

パートナー　⑨下回転の短いボール　⑪下回転の長いボール
練習者　⑩バックツッツキ　⑫バックドライブ

Level UP!

レシーブ時のツッツキは足を出す

例えば、ラリー中のツッツキ合いの場面。長いツッツキに対して右足を踏み込んでからツッツキを打っていたのでは、戻りが遅くなってサイドへ振られたときに対応できなくなってしまう。しかし、短いサーブに対しては返球するためにしっかりと踏み込んでから打つ必要があるため、右足をインパクト地点の下くらいに置くイメージで踏み出していくと良い。

フォア
ボールの下に置くイメージで右足を踏み込む

バック
フォアと同様に右足を踏み込んでからインパクトへ

難易度 ★★

回数 25セット

ねらい

ブロックで攻撃に転じる①

習得できる技能
- フットワーク
- コンビネーション

Menu 049 バックブロックから バックプッシュ

球威に押されないようにバックブロック
❷バックブロック
返って来た甘いボールをプッシュ
❹バックプッシュ

▼やり方

パートナー　バックサイドから1球目は回り込みドライブを想定した順回転の強い球をバック側へ出す。2球目は通常の順回転の球を再びバック側へ球出し
練習者　1球目をバックブロックでクロスに返球し、2球目はバックプッシュを打つ

ポイント

プッシュで決める意識を持つ

バックブロックでは、相手の打球の球威に押されないよう、しっかりと構えて台の角を狙って打つことが大切。そして、カウンターで打ったブロックから相手の返球が甘く返って来たと想定して、プッシュで決め球を打つ意識を持つこと

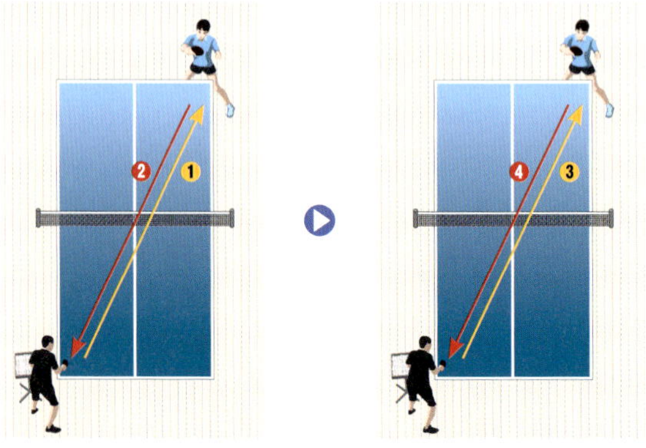

パートナー　①順回転の強い打球
練習者　②バックブロック

パートナー　③順回転
練習者　④バックプッシュ

難易度 ★★★

回数 13セット

習得できる技能
- ⇨フットワーク
- ⇨コンビネーション
- ⇨コースの打ち分け

ねらい

ブロックで攻撃に転じる②

Menu 050 バックブロックからフォアフラットの打ち分け

▼やり方

パートナー バックサイドからドライブを意識した順回転の強い球と、通常の順回転の球を交互に球出しする。１・３球目の強い打球はバック側に、２・４球目の順回転はミドルに出す

練習者 強い打球に対してはバックブロックでクロスに、通常の順回転の球はフォアフラットでフォア側とバック側に打ち分ける

ポイント

カウンターブロックで攻撃開始

カウンターでブロックを打ち、返って来たボールをフォア側とバック側に決める練習。また、このメニューではフォアフラットをミドルから打ち分けるが、フォアサイドや回り込みからでも行えるので、選手に合わせて工夫してみると良い

パートナー ①順回転の強い球
練習者 ❷バックブロック

パートナー ③順回転
練習者 ❹フォアフラット

パートナー ⑤順回転の強い球
⑦順回転
練習者 ❻バックブロック
❽フォアフラット

難易度 ★★★★

回数 10セット

ねらい ブロックで攻撃に転じる③

習得できる技能
⇨フットワーク
⇨コンビネーション
⇨コースの打ち分け
⇨どこに来ても打つ

Menu 051 シュラガーの攻撃パターン

▼やり方

パートナー　バックサイドから1球目で順回転の強い球をバック側に出したあと、2球目は通常の順回転で長めのボールをフォア側に出す。そして、順回転でバック側に続けて3本球出しをする

練習者　1球目をバックブロックで返球したら、フォア側にフットワークしてロングドライブ。3球目、4球目とバックフラットを続けて打ち、最後は回り込みスマッシュをストレートに打つ

❷バックブロック

❽バックフラット（強打）

ポイント

相手にプレッシャーをかけてスマッシュで決める

4球目のバックフラットを強く叩いて相手にプレッシャーをかけ、返球が少し甘くなったところから回り込みスマッシュをストレートに打って得点へとつなげる。また、バックブロックからフォアロングドライブへのフットワークや、コンビネーションなども同時に強化することができる

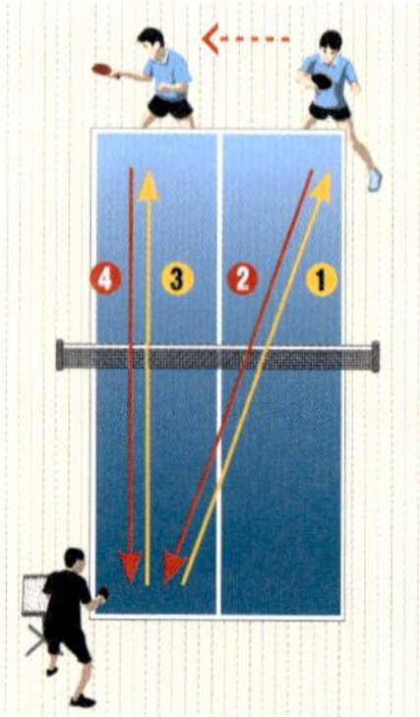

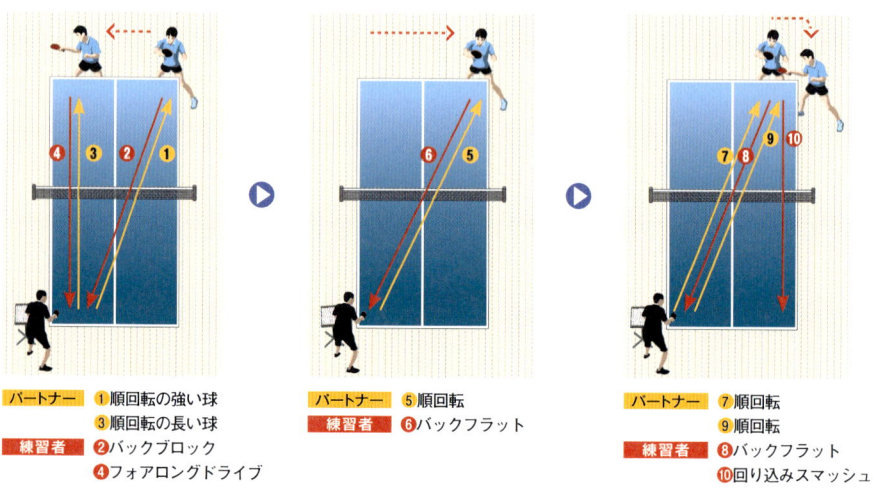

パートナー ①順回転の強い球 ③順回転の長い球
練習者 ❷バックブロック ❹フォアロングドライブ

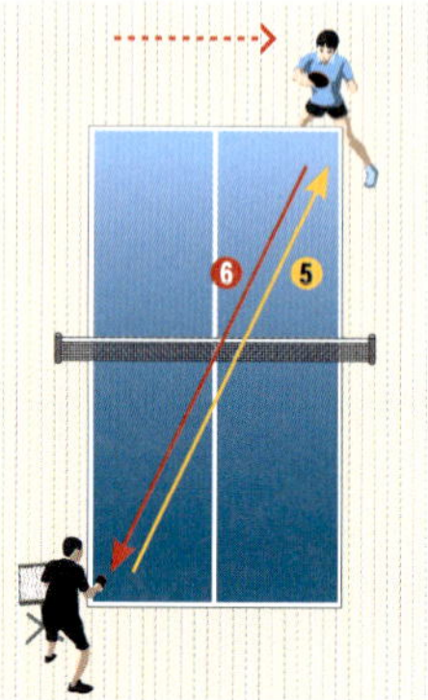

パートナー ⑤順回転
練習者 ❻バックフラット

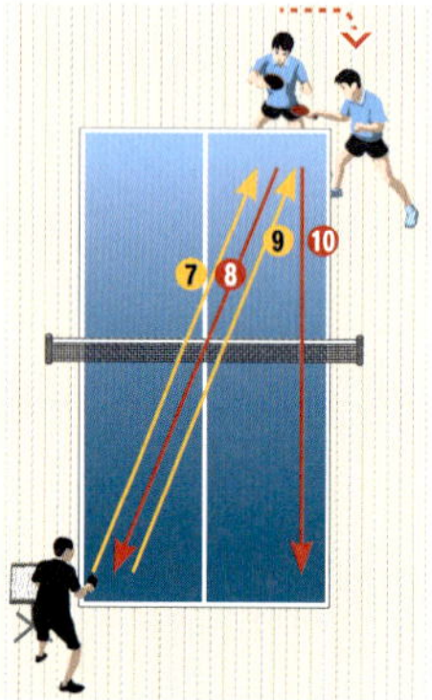

パートナー ⑦順回転 ⑨順回転
練習者 ❽バックフラット ❿回り込みスマッシュ

渡辺勝男の熱血アドバイス

元世界チャンピオンの攻撃パターンを覚えよう

このメニューは、過去に世界チャンピオンになった経験もあるヴェルナー・シュラガーが得意としていた攻撃パターンを練習として取り入れたものです。ポイントは3打目のバックフラットを軽く打ち、4打目のバックフラットを強く打つこと。その威力の差に相手が押され、クロスへ甘く返って来たところをストレートに決めにいく。バックブロックからはじまる得点パターンは本当に素晴らしく、得点力も高い戦術ですのでみなさんも試してみてください。

シュラガーとは・・・

名前：ヴェルナー・シュラガー
国籍：オーストリア
主な戦績：1995～2006年オーストリア選手権男子シングルス優勝。2000年シドニー五輪男子シングルスベスト8。2003年世界選手権パリ大会男子シングルス優勝。
両ハンドから繰り出されるカウンターやブロックなど前陣でのプレーを得意とする。サーブ巧者としても知られている。

写真提供　渡辺勝男

技術と技能を身につける

ねらい

前後のフットワークを鍛える

難易度	★★★
回　数	25セット

習得できる技能
- ⇨フットワーク
- ⇨コンビネーション

Menu 052 バッククロスでフォア前後

フォアフラット後、フットワークで後ろへ下がる
❷フォアフラット
フォアロングドライブ後、フットワークで前に詰める
❹フォアロングドライブ

▼やり方

パートナー　バックサイドから順回転の球をバック側に向けて、1球目は通常の長さで、2球目は少し長めに出す

練習者　1球目を台の近くからフォアフラットで打ち、2球目は台から離れてフォアのロングドライブを打つ

ポイント

前後のフットワークを使おう

フォア側からでもできる練習メニューだが、どちらで行う場合でも、前後のフットワークを使ってフォアフラットとフォアのロングドライブを打ち分けること。フットワークだけではなく、フラットとロングドライブのコンビネーション練習にもなる

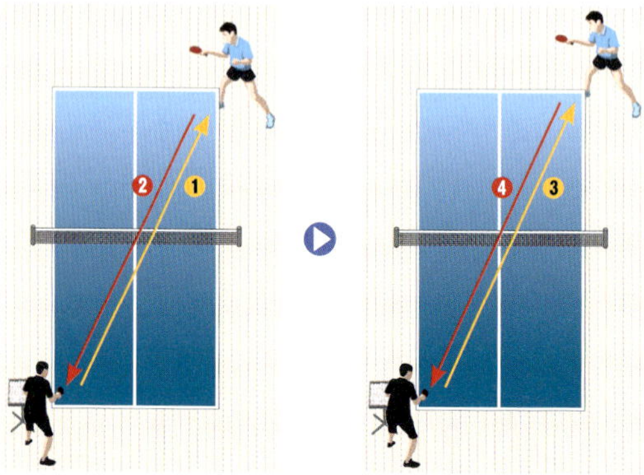

2
1
4
3

パートナー　①順回転
練習者　②フォアフラット

パートナー　③長めの順回転
練習者　④フォアロングドライブ

Level UP!

前後のフットワークも2歩動で

前後に動くフットワークでも、基本的には左右のフットワークで行った2歩動と同じ。後方へ動く場合は後ろに右足を1歩出してから、左足を近づけてさらに右足を後ろに踏み出す。前方に動く場合は、左足を前に1歩出してから、右足を左足に近づけてさらに左足を前に踏み出す。後ろに下がってのラリー戦などではよく使われるため、練習でできるようにしておくことが必要となる。

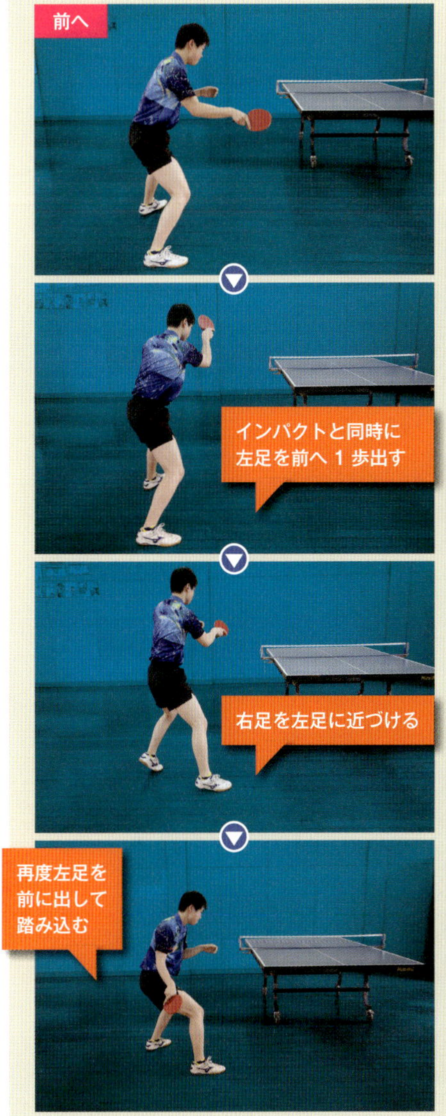

前へ
インパクトと同時に
左足を前へ 1 歩出す
右足を左足に近づける
再度左足を
前に出して
踏み込む

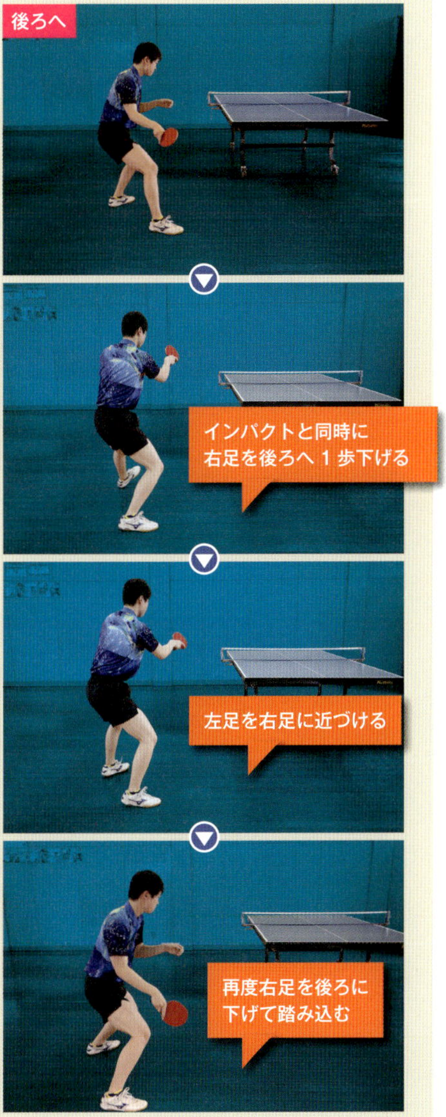

後ろへ
インパクトと同時に
右足を後ろへ 1 歩下げる
左足を右足に近づける
再度右足を後ろに
下げて踏み込む

ねらい

台から離れてラリーをする①

難易度 ★★★★☆

回数 13セット

習得できる技能

- ⇨ フットワーク
- ⇨ コンビネーション
- ⇨ どこに来ても打つ

Menu 053 ロングドライブでのラリー

❽フォアのロングドライブ

▼ やり方

パートナー　バックサイドからロングドライブをバック側、ミドル、バック側、フォア側の順に球出しする

練習者　台から少し離れた位置で構え、大小のフットワークを使いながら、すべての球に対してフォアハンドのロングドライブを打つ

ポイント

台から離れた状況も練習しておく

現在の卓球では、台の近くで早い展開の卓球をすることが多いが、それでも**台から離れた位置でドライブの引き合いをすることはめずらしくない**。試合でその状況になっても対応できるように、離れた位置でのラリー練習を積んでおく必要がある

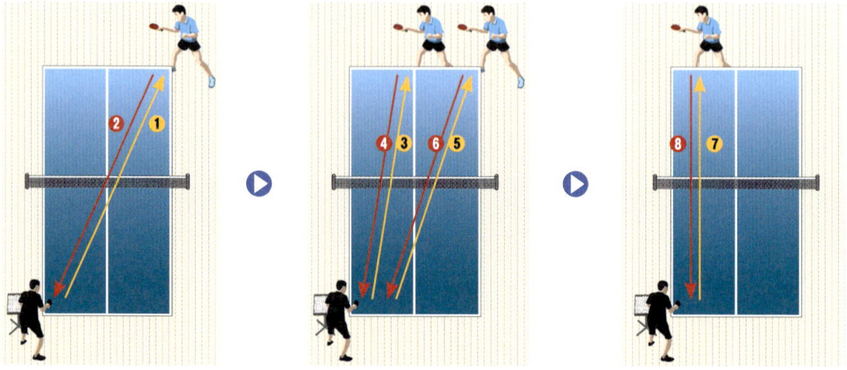

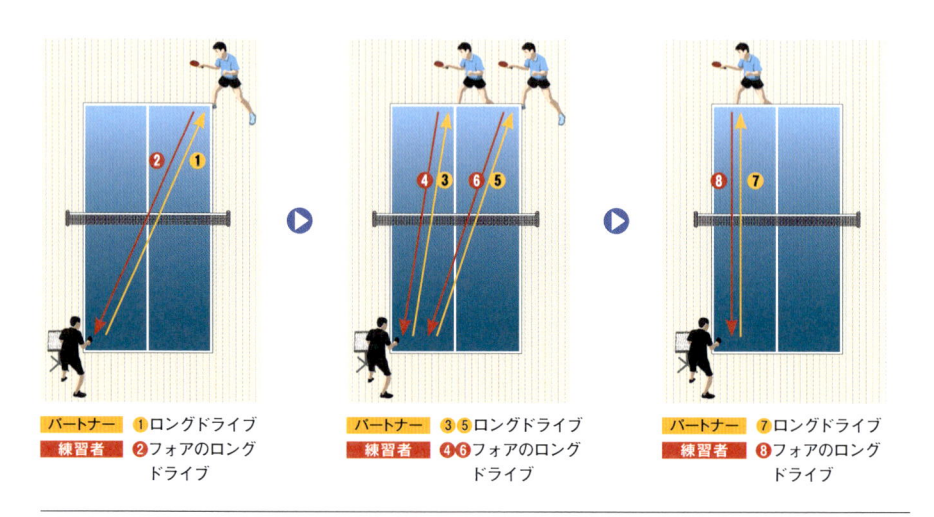

パートナー　❶ロングドライブ
練習者　❷フォアのロングドライブ

パートナー　❸❺ロングドライブ
練習者　❹❻フォアのロングドライブ

パートナー　❼ロングドライブ
練習者　❽フォアのロングドライブ

難易度 ★★★★
回 数 13セット

習得できる技能
⇨ フットワーク
⇨ コンビネーション
⇨ どこに来ても打つ

ねらい
台から離れてラリーをする②

Menu 054 ブロックから下がってドライブ戦①

❷バックブロック
バックブロックから後ろに下がってドライブ戦をする
❹ロングドライブ

▼やり方

パートナー バックサイドからドライブの球をバック側に出したあと、ロングドライブをミドル、フォア側、ミドルの順に球出し

練習者 1球目で相手のドライブに対してバックブロックで返し、2球目以降は台から離れてフォアのロングドライブを3球続けて打つ

ポイント

ロングドライブは台にしっかり入れる

相手が打って来たドライブをブロックしたものの、相手がドライブでのラリー戦に挑んできた場面を想定。ブロックのあとに後ろに下がって、ラリーに負けないようにロングドライブを打ち合う。ロングドライブでは、ミスをしないように、台にしっかりと入れることを意識する

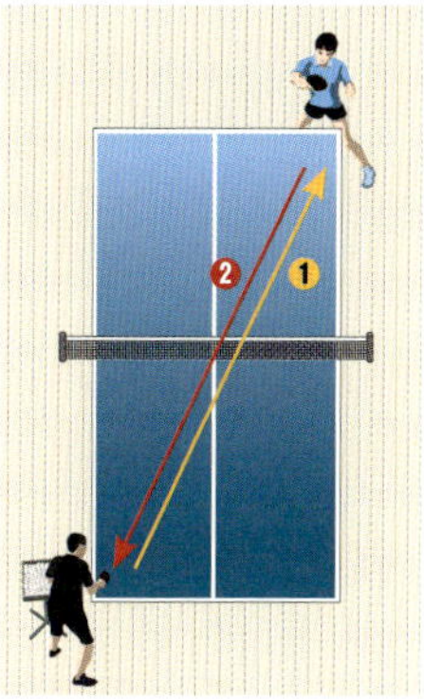

パートナー ❶ドライブ
練習者 ❷バックブロック

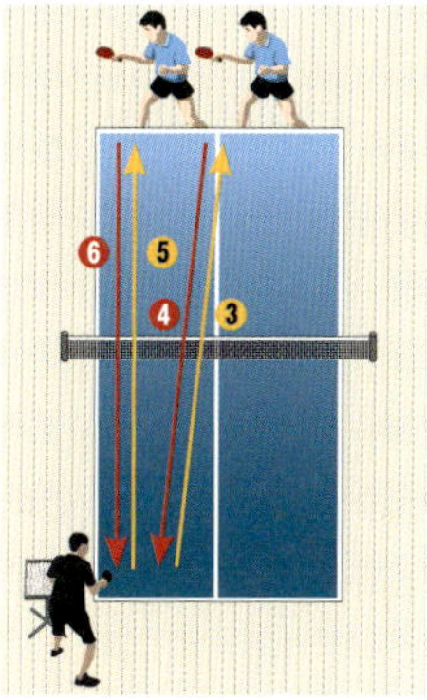

パートナー ❸❺ロングドライブ
練習者 ❹❻ロングドライブ

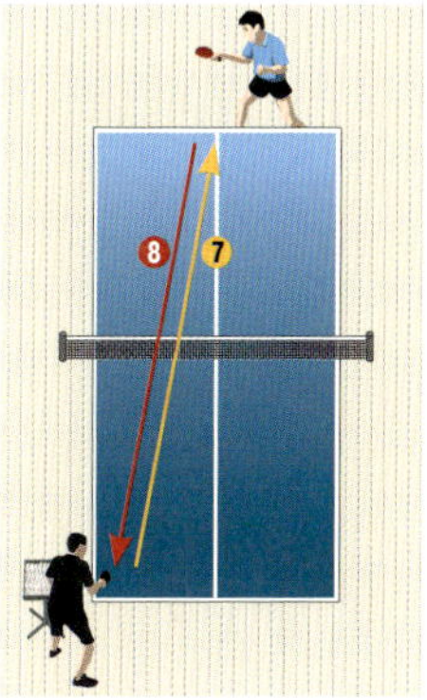

パートナー ❼ロングドライブ
練習者 ❽ロングドライブ

難易度 ★★★★

回数 13セット

習得できる技能
⇨フットワーク
⇨コンビネーション
⇨どこに来ても打つ

ねらい

台から離れてラリーをする③

Menu 055 ブロックから下がってドライブ戦②

❻回り込み ロングドライブ
後半のロングドライブをリズム良く打つ
❽ロングドライブ

▼やり方

パートナー　バックサイドから、ドライブの球をバック側に出したあと、ロングドライブをミドル、バック側、フォア側の順に球出し

練習者　1球目で相手のドライブに対してバックブロックで返し、2球目以降は台から離れてロングドライブを3球続けて打つ

ポイント

ロングドライブをリズム良く打つ

Menu054と同じくバックブロックを打ったあとに台から離れ、ロングドライブを打ち合う展開。ブロックのあとのロングドライブ3本をリズム良く打てるかがポイント。安定したスイングができてこそミスが少なく打球も安定するので、正確に打つことを心がける

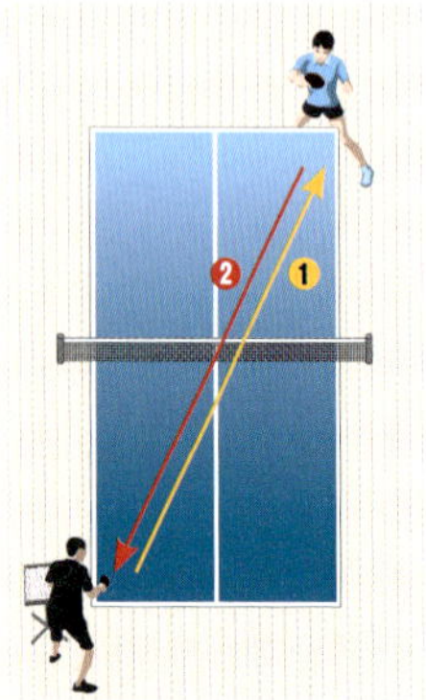

パートナー　①ドライブ

練習者　②バックブロック

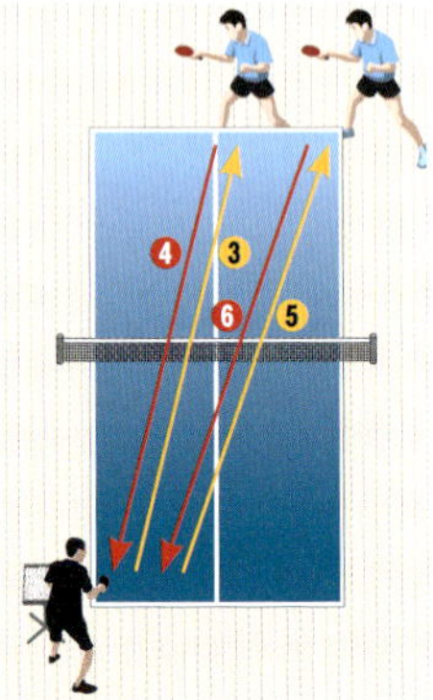

パートナー　③⑤ロングドライブ

練習者　④ロングドライブ
⑥回り込みロングドライブ

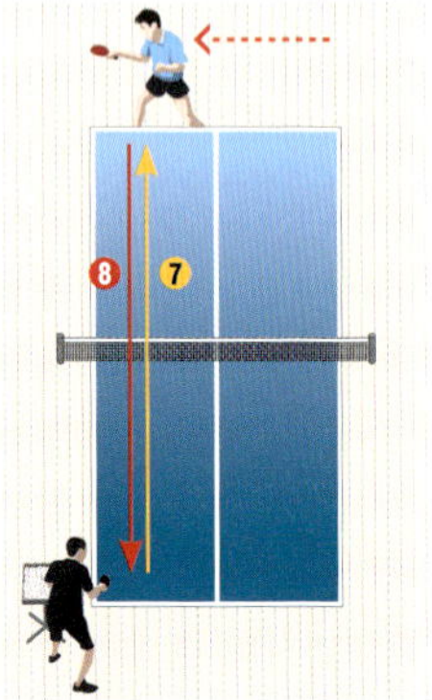

パートナー　⑦ロングドライブ

練習者　⑧ロングドライブ

難易度	★★★★
回　数	10セット

習得できる技能
- ⇨フットワーク
- ⇨コンビネーション
- ⇨どこに来ても打つ

ねらい

ツッツキから攻撃へ移る①

Menu 056 展開①

▼やり方

パートナー　バックサイドから、下回転の球をバック側に短く出したあと、順回転でバック側に球出し。パターン１・２ともここまでは共通で、パターン１では、このあと順回転で再びバック側に出して、フォア側、バック側と続ける。パターン２では、順回転でフォア側に3球目を出したあと、バック側に2球続けて出す

練習者　１球目の下回転をバックツッツキで返し、2球目を回り込みフラット。ここまでがパターン１・２とも共通で、パターン１はこのあと、バックフラット、フォアフラット、バックフラットと続けて打つ。パターン２は、3球目でフォアへ大きく動いてフォアフラット、バックフラット、回り込みフラットと続ける

ポイント

回り込んだあとが大事！

ツッツキからの展開は試合でよく使われるものが多く、このメニューは中でも一番多いパターン。2球目の回り込みフラットのあと、バック側に来た球とフォア側に来た球をしっかり対処できるかが勝敗を左右することが多いので、きっちり身につけよう

❷バックツッツキ

パートナー
❶下回転
❸順回転
練習者
❷バックツッツキ
❹回り込みフラット

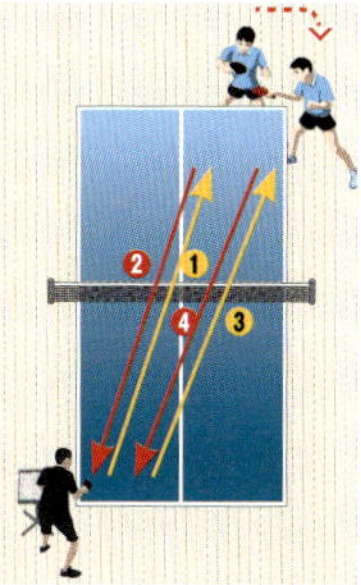

パターン①

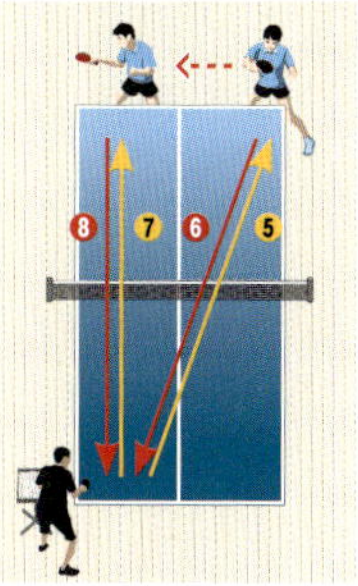

パートナー　❺❼順回転
練習者　❻バックフラット
❽フォアフラット

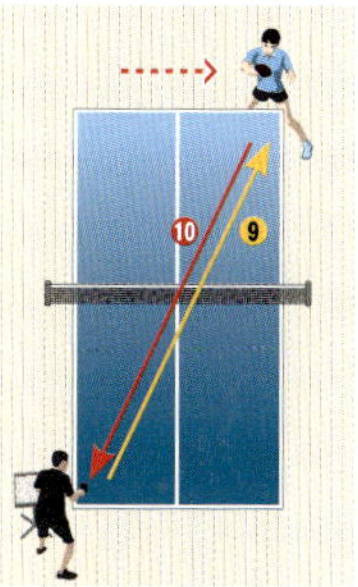

パートナー　❾順回転
練習者　❿バックフラット

パターン②

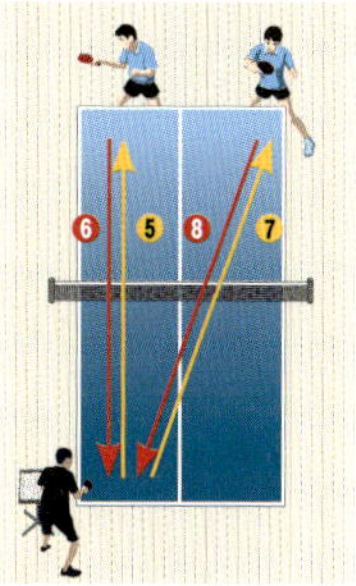

パートナー　❺❼順回転
練習者　❻フォアフラット
❽バックフラット

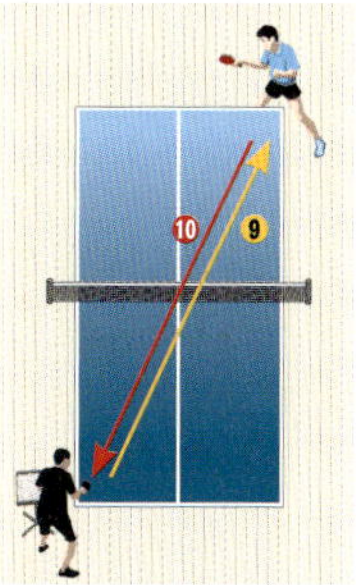

パートナー　❾順回転
練習者　❿回り込みフラット

難易度	★★★★
回　数	10 セット

習得できる技能
⇨ フットワーク
⇨ コンビネーション
⇨ どこに来ても打つ

ねらい
ツッツキから攻撃へ移る②

Menu 057 展開②

▼ やり方

バートナー　バックサイドから下回転の球をバック側に短く、フォア側に長く球出し。パターン1・2ともここまでは共通で、パターン1では、このあと順回転でバック側、フォア側、バック側と続ける。パターン2では、順回転でフォア側に3球目を出したあと、バック側に2球続けて出す

練習者　1球目の下回転をバックツッツキで返し、2球目をフォアドライブ。ここまでがパターン1・2とも共通で、パターン1はこのあと、バックフラット、フォアフラット、バックフラットと続けて打つ。パターン2は、3球目でフォアフラットを再び打ったあと、バックフラット、回り込みフラットと続ける

ポイント

展開を覚えて試合に生かそう

ツッツキからよく行われる展開の2つ目。**1球目の下回転の球に対してキレたツッツキを打つ**ことで、相手がフォア側にコースを変えてツッツいてきたあとの展開を覚える

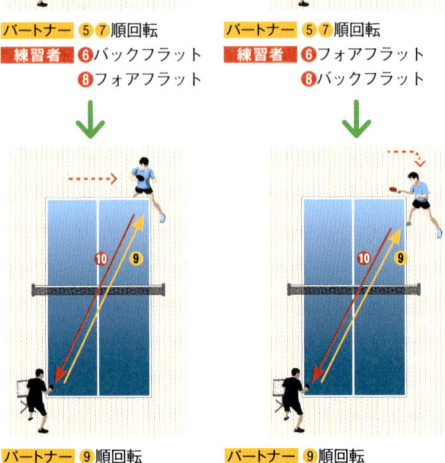

2打目のフォアドライブで攻撃へ
❹フォアドライブ

バートナー
❶下回転
❸下回転
練習者
❷バックツッツキ
❹フォアドライブ

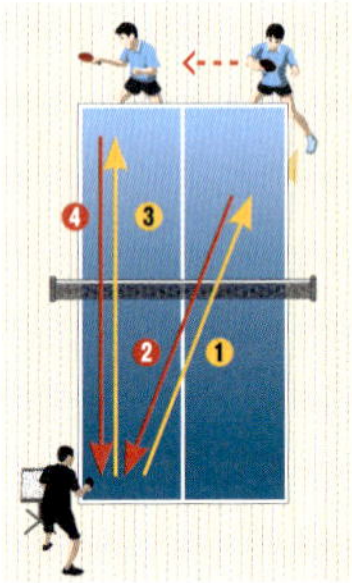

パターン①

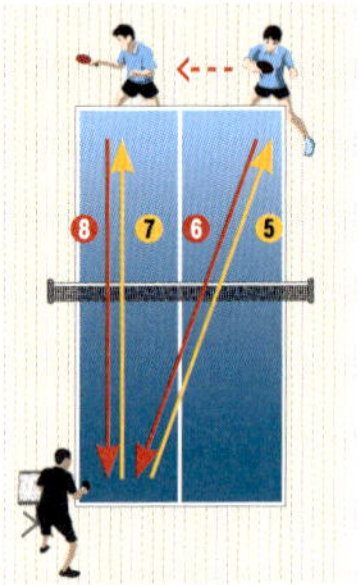

バートナー ❺❼順回転
練習者 ❻バックフラット
❽フォアフラット

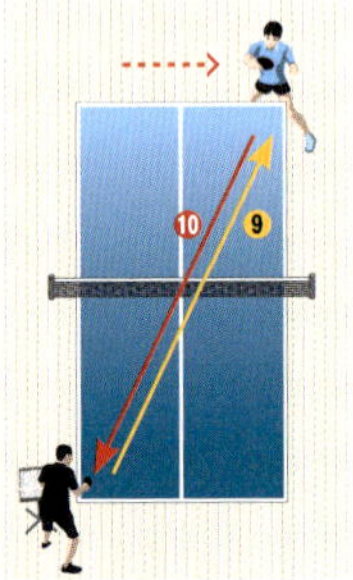

バートナー ❾順回転
練習者 ❿バックフラット

パターン②

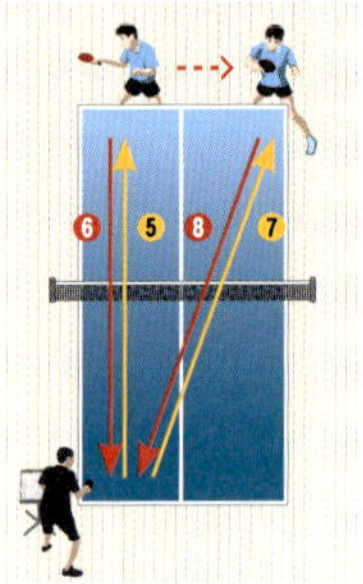

バートナー ❺❼順回転
練習者 ❻フォアフラット
❽バックフラット

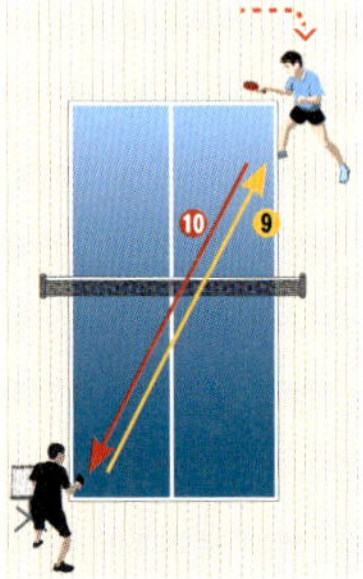

バートナー ❾順回転
練習者 ❿回り込みフラット

技術と技能を身につける

難易度	★★★★☆
回数	10セット

ねらい

ツッツキから攻撃へ移る③

Menu 058 展開③

習得できる技能
- ⇨フットワーク
- ⇨コンビネーション
- ⇨どこに来ても打つ

▼やり方

パートナー　バックサイドから下回転の球をミドルに短く出したあと、もう一度、下回転でバック側に球出し。パターン1・2ともここまでは共通で、パターン1では、このあと順回転で再びバック側に出し、フォア側、バック側と続ける。パターン2では順回転でフォア側に3球目を出したあと、バック側に2球続けて出す

練習者　1球目のミドルの下回転をフォアツッツキで返球して、2球目を回り込みドライブ。ここまでがパターン1・2とも共通で、パターン1はこのあと、バックフラット、フォアフラット、バックフラットと続けて打つ。パターン2は、3球目でフォアフラットを打ったあと、バックフラット→回り込みフラット

ポイント

1打目のツッツキを厳しいコースへ

ツッツキからよく行われる展開の3つ目は、相手が打った下回転サーブに対してツッツキで返し、相手もツッツキで返球してきた場合のパターン。相手がツッツキで返すように、1打目のツッツキを厳しいコースに打つことが大切

❷フォアツッツキ

パートナー
❶下回転
❸下回転
練習者
❷フォアツッツキ
❹回り込みドライブ

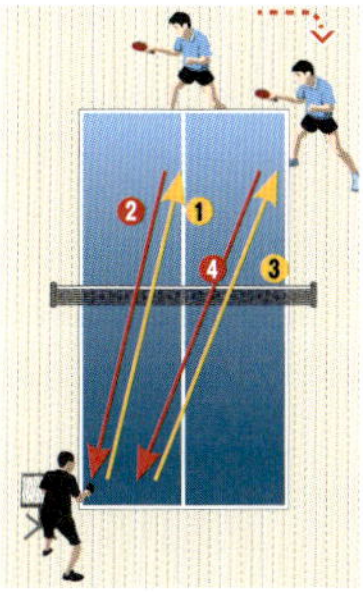

パターン①

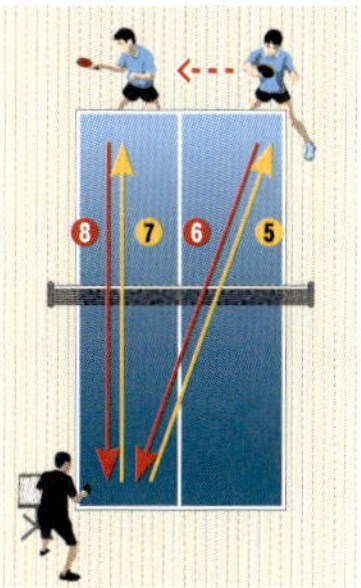

パートナー　❺❼順回転
練習者　❻バックフラット
❽フォアフラット

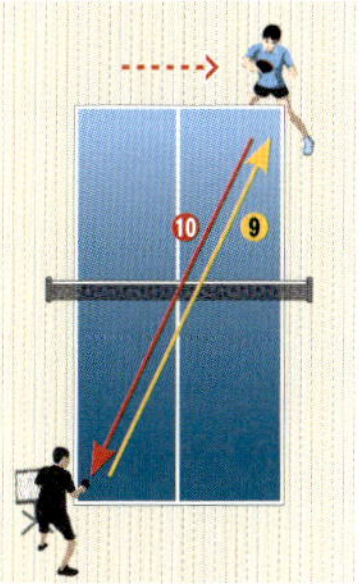

パートナー　❾順回転
練習者　❿バックフラット

パターン②

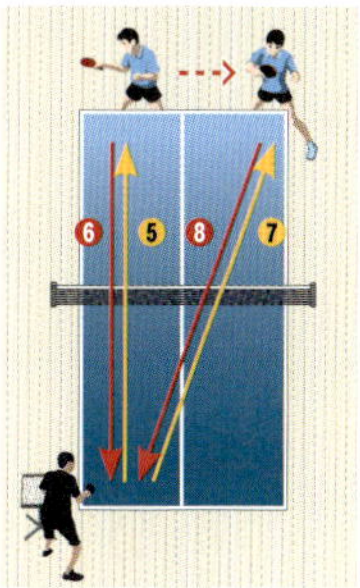

パートナー　❺❼順回転
練習者　❻フォアフラット
❽バックフラット

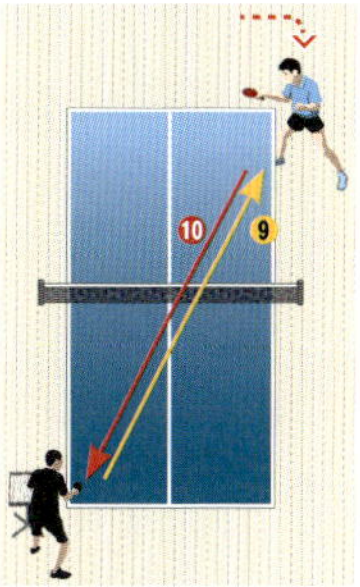

パートナー　❾順回転
練習者　❿回り込みフラット

難易度 ★★★★
回　数 10セット

ねらい ツッツキから攻撃へ移る④

Menu 059 展開④

習得できる技能
⇨ フットワーク
⇨ コンビネーション
⇨ どこに来ても打つ

▼ やり方

パートナー　バックサイドから下回転の球を短くバック側に出したあと、もう一度、下回転でフォア側に球出し。パターン1・2ともここまでは共通で、パターン1では、順回転でバック側、フォア側、バック側と続ける。パターン2では、順回転でフォア側に3球目を出したあと、バック側に2球続けて出す

練習者　1球目のバック側に来た下回転を回り込んでフォアツッツキを打ち、2球目をフォアドライブ。ここまでがパターン1・2とも共通で、パターン1はこのあと、バックフラット、フォアフラット、バックフラットと続けて打つ。パターン2は、3球目でフォアフラットを打ったあと、バックフラット、回り込みフラットと続ける

ポイント

予想外の球にも素早く対応しよう

この展開は相手のサーブが長くくると予測したものの、予想外に短いサーブを打たれた場面などを想定したもの。**素早く回り込みツッツキに切りかえて対応**できるかが大切になる

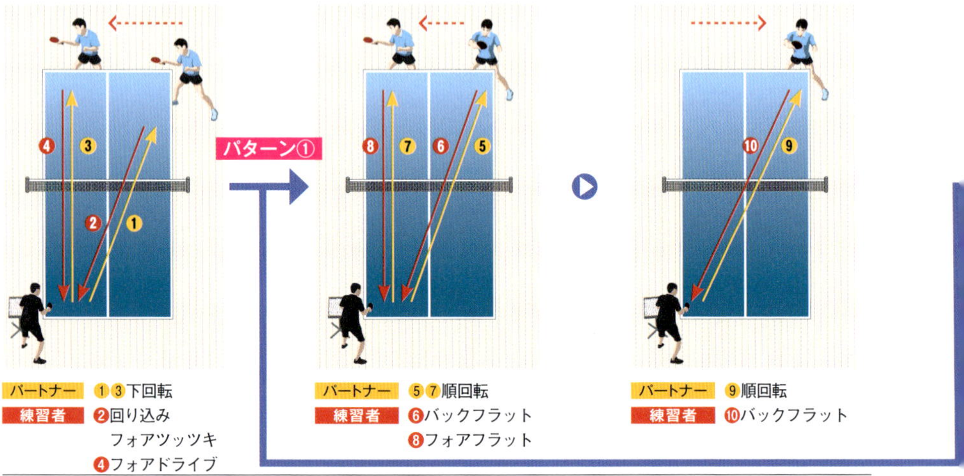

パートナー　①③下回転
練習者　②回り込みフォアツッツキ
④フォアドライブ

パートナー　⑤⑦順回転
練習者　⑥バックフラット
⑧フォアフラット

パートナー　⑨順回転
練習者　⑩バックフラット

Level UP!

相手にもツッツキで返させるように打つ

回り込みから強打をしていこうと思ったものの、予想外に相手の返球が短かった場合は、回り込みツッツキで対応していく。ただし、ただ切りかえてツッツキを打てばよいというものではなく、しっかりと相手側のエンドラインのギリギリを狙ってツッツキを打つことで、相手にもツッツキで返球させて、次の球に余裕を持って対応できるようにすること。

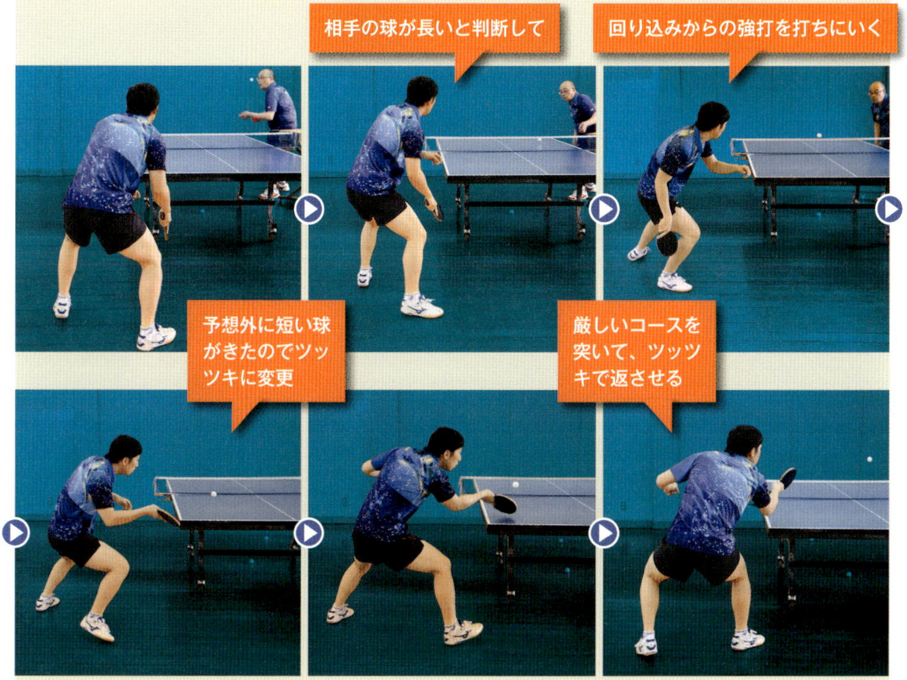

相手の球が長いと判断して
回り込みからの強打を打ちにいく
予想外に短い球がきたのでツッツキに変更
厳しいコースを突いて、ツッツキで返させる

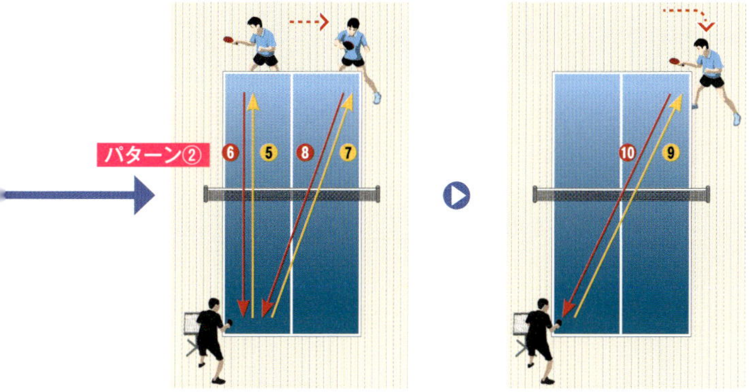

パターン②
6
5
8
7
10
9

パートナー ⑤⑦順回転
練習者 ⑥フォアフラット
⑧バックフラット

パートナー ⑨順回転
練習者 ⑩回り込みフラット

難易度	★★★★
回　数	10セット

習得できる技能
⇨フットワーク
⇨コンビネーション
⇨どこに来ても打つ

ねらい

ツッツキから攻撃へ移る⑤

Menu 060 展開⑤

▼やり方

パートナー　パターン１・２ともに、バックサイドから下回転の球をフォア前に出したあと、下回転でバック側に球出し。パターン１では、このあと順回転でバック側、フォア側、バック側と出す。パターン２では、3球目を順回転でフォア側に出したあと、バック側に2球続けて出す

練習者　パターン１・２ともに、1球目のフォア前に来た下回転にフォアツッツキを打ち、2球目をバックドライブ。パターン１はこのあと、バックフラット、フォアフラット、バックフラットと続けて打つ。パターン２は、3球目でフォアフラットを打ったあと、バックフラット、回り込みフラットと続ける

ポイント

バックドライブで攻める

相手がフォア前に短い下回転サーブを打ってきたと想定。練習者はフォア前からキレたツッツキで返球し、バックサイドに返って来た球をバックドライブで攻撃していく

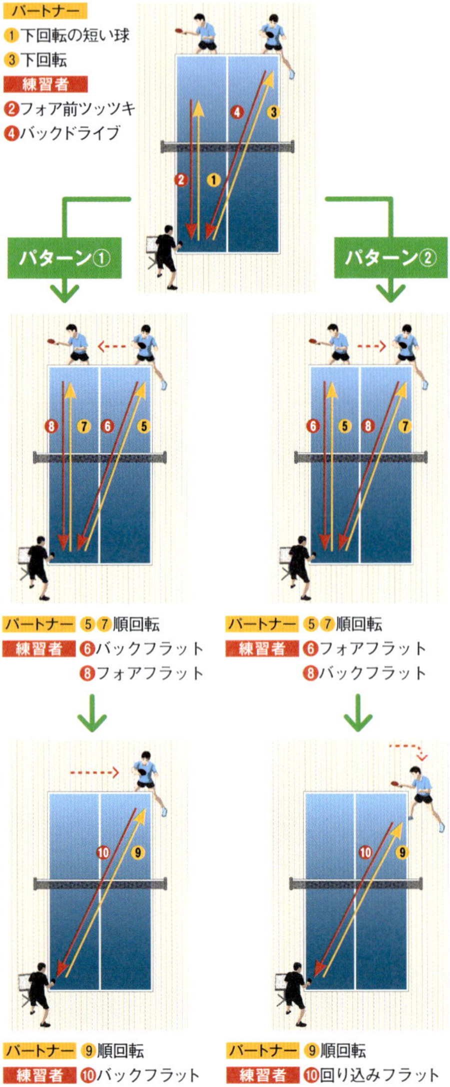

難易度	★★★★
回　数	10 セット

習得できる技能
- ⇨ フットワーク
- ⇨ コンビネーション
- ⇨ どこに来ても打つ

ねらい

ツッツキから攻撃へ移る⑥

Menu 061 展開⑥

▼ やり方

パートナー　パターン1・2ともに、バックサイドから下回転の球をバック前に出したあと、下回転で再びバック側に球出し。パターン1では、このあと順回転でバック側、フォア側、バック側と出す。パターン2では、3球目を順回転でフォア側に出したあと、バック側に2球続けて出す

練習者　パターン1・2ともに、1球目のバック前に来た下回転に回り込みツッツキを打ち、2球目をバックドライブ。パターン1はこのあと、バックフラット、フォアフラット、バックフラットと続けて打つ。パターン2は、3球目でフォアフラットを打ったあと、バックフラット、回り込みフラットと続ける

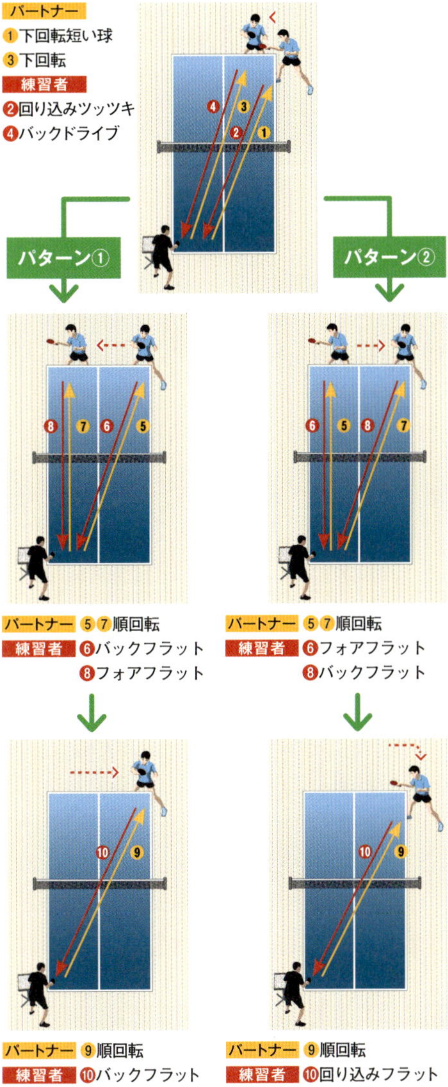

パートナー
①下回転短い球
③下回転
練習者
②回り込みツッツキ
④バックドライブ
パターン①
パターン②
パートナー ⑤⑦順回転
練習者 ⑥バックフラット
⑧フォアフラット
パートナー ⑤⑦順回転
練習者 ⑥フォアフラット
⑧バックフラット
パートナー ⑨順回転
練習者 ⑩バックフラット
パートナー ⑨順回転
練習者 ⑩回り込みフラット

ポイント

バックドライブで仕掛ける

Menu059のパターンと同様に、回り込みから強打をしようと思ったものの、短く打たれたのでツッツキへと切りかえた展開。059とは違い、**2球目をフォアドライブではなくバックドライブから仕掛けていく**

バックドライブから攻撃を展開
④バックドライブ

難易度 ★★★★
回　数 25セット

ねらい
フォアミートを打ち分ける

習得できる技能
⇨ フットワーク
⇨ コースの打ち分け
⇨ 逆のコースに打つ

Menu 062 回り込みフォアミート

❷回り込み
フォアミート
回り込みからフォアミートで２コースに打ち分ける

▼やり方

パートナー　バックサイドから下回転の球をバック側に続けて2本球出しをする

練習者　1球目を回り込みからフォアミートでストレートに、2球目を同じく回り込みからフォアミートでミドルに打つ

ポイント

ストレートとミドルを打ち分けられるように

試合中、バッククロスに来た下回転の球を、ミート打ちでストレートに打つと得点率が高い。しかし、フォア側にブロックを返されると対応しきれないため、リスクの高い球とも言える。もしブロックをされるようであれば、次はミドルを攻めるのが有効なので、ストレートとミドルに打ち分けられるようにしておく

パートナー　❶下回転
練習者　❷回り込み
フォアミート

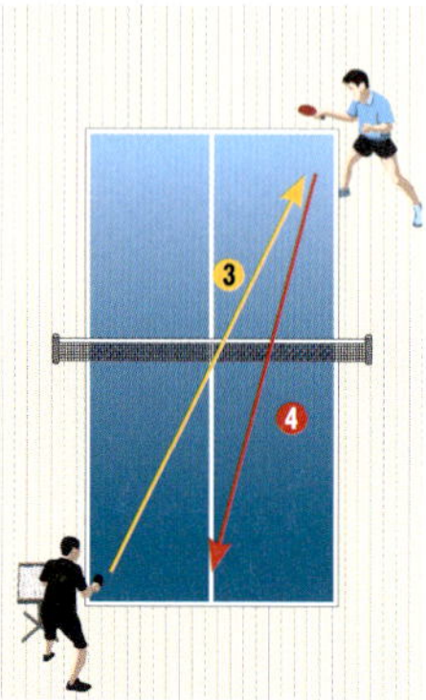

パートナー　❸下回転
練習者　❹回り込み
フォアミート

ねらい

フォアドライブを打ち分ける

Menu 063 フットワークからフォアドライブ

難易度 ★★★★

回 数 25セット

習得できる技能
- ⇨ フットワーク
- ⇨ コースの打ち分け
- ⇨ 逆のコースに打つ

▼ やり方

パートナー フォアサイドから下回転の球をフォア側に向けて2球続けて球出しをする

練習者 ミドルの位置に立ち、1球ごとにフォアサイドへのフットワークを使いながら、フォアドライブで1球目をストレート、2球目をミドルに打つ

ポイント

ストレートを対応されたらミドルへ

コースとしてはクロスの選択肢もあるが、クロスへはここまでのメニューでも多く打っているので割愛する。また、ストレートを攻めて対応されたらミドルを攻めるというのが試合の基本になるため、1本目はストレート、2本目はミドルという順番で練習すること

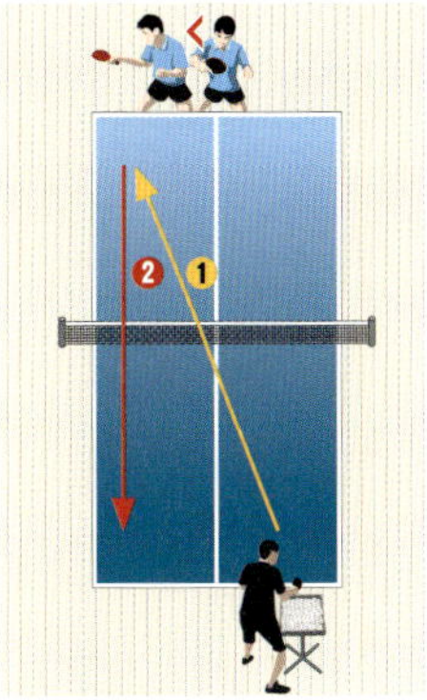

パートナー ①下回転
練習者 ②フォアドライブ

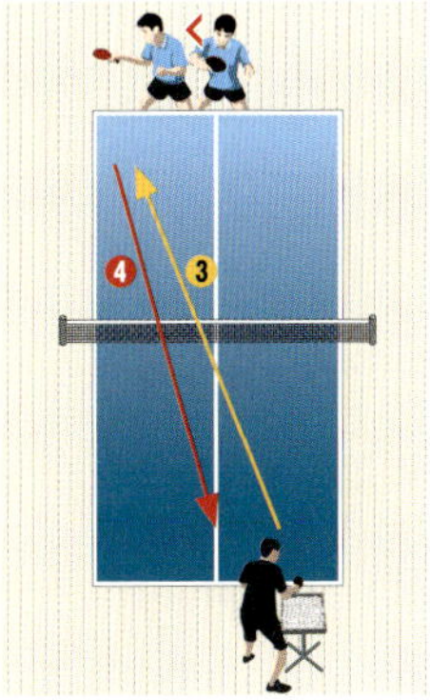

パートナー ③下回転
練習者 ④フォアドライブ

難易度 ★★
回数 10セット

習得できる技能
- フットワーク
- コンビネーション
- コースの打ち分け

ねらい
バックハンドを打ち分ける

Menu 064 バックフラットの打ち分け

ストレートとクロスの打ち方の違いを覚える
❷バックフラット

▼やり方

パートナー　バックサイドから、順回転の球でバック側に続けて２球球出しをする

練習者　バック側からバックフラットで1球目をクロス、2球目をストレートに打つ

ポイント

クロスとストレートの違いを理解する

クロスとストレートを**交互に打つことで、打ち方やボールをとらえる場所など、自分で違いを理解していくことが大切**。また、慣れてきたら順回転の球だけではなく、下回転の球を出してもらって練習すると、よりフラット技術の精度が高まる

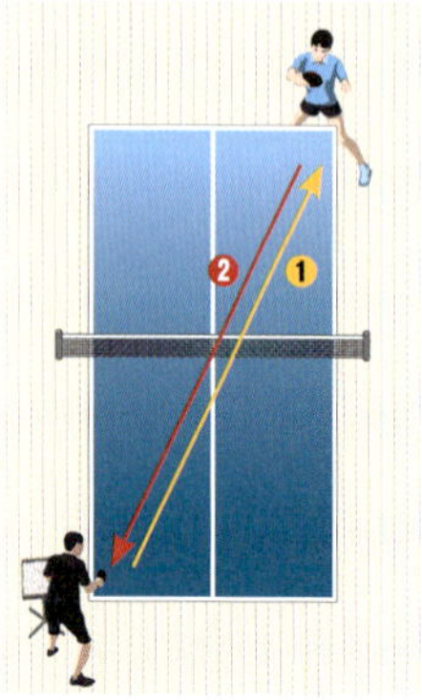
❷
①

パートナー ①順回転
練習者 ❷バックフラット

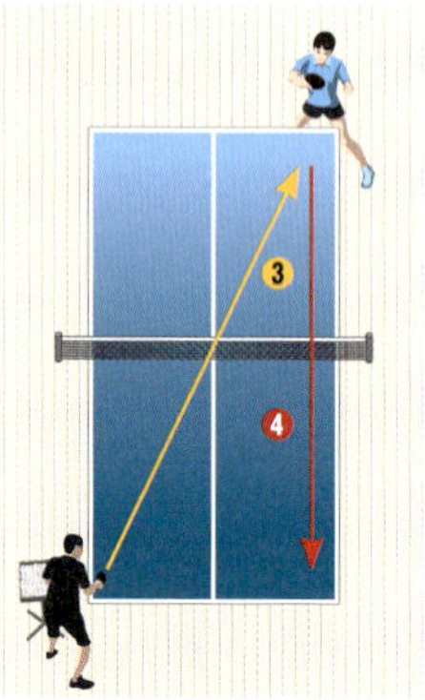
③
❹

パートナー ③順回転
練習者 ❹バックフラット

技術と技能を身につける

難易度	★★★★
回　数	13セット

習得できる技能
- ⇨フットワーク
- ⇨コンビネーション
- ⇨コースの打ち分け
- ⇨逆のコースに打つ

ねらい
回り込みドライブ後の展開を覚える

Menu 065 回り込みドライブからバックフラットの打ち分け

▼やり方

パートナー　バックサイドから、下回転と順回転を交互にして、バック側に4球続けて球出しする

練習者　1球目で回り込みドライブを打ったあと、バック側に戻ってバックフラットをクロスに打つ。再び3球目で回り込みドライブを打ったら、バック側に戻ってバックフラットをストレートに打つ

ポイント

回り込み後は素早く戻る

回り込みドライブをクロスに打った場合、相手はバック側に返球してくることが多い。そこで、素早くバック側に戻ってから、バックフラットをストレートとクロスに打ち分けられるようにすることを目指す。試合でよくある展開で、実戦度も高い練習

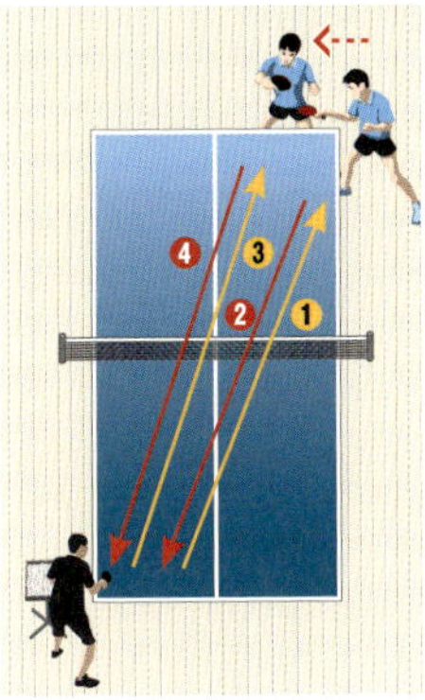

パートナー　①下回転　③順回転

練習者　❷回り込みドライブ　❹バックフラット

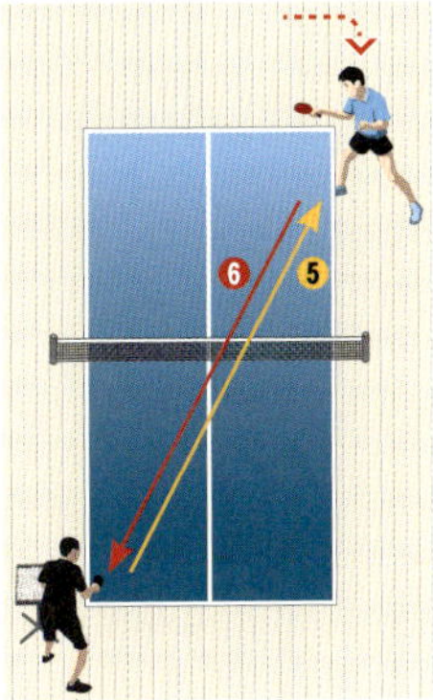

パートナー　⑤下回転

練習者　❻回り込みドライブ

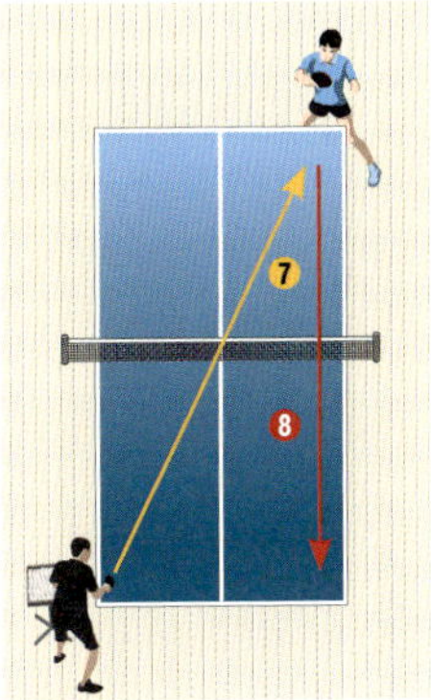

パートナー　⑦順回転

練習者　❽バックフラット

ねらい

クロスに決める得点パターン①

Menu 066 カウンターでドライブ

難易度 ★★★★

回数 25セット

習得できる技能

- ⇨フットワーク
- ⇨コンビネーション
- ⇨コースの打ち分け
- ⇨逆のコースに打つ

❹フォアフラット
ストレートを待ち伏せてクロスに強打！

▼やり方

パートナー バックサイドから、バック側に向けて下回転の球を出し、続けて順回転の球をフォア側に出す

練習者 1球目の下回転の球をバックドライブでクロスに返し、2球目の順回転の球をフォアフラットでクロスに打って決める

ポイント

フォアに来た球を待ち伏せて強打する

バック側に来た下回転のボールを、バックドライブでクロスに打つと、相手はフォア側に返して来ることが多い。その球を待ち伏せて、相手のフォア側へフォアフラットで強打する。また、試合では3球目で回り込みドライブをストレートに打って来ることもあるので、それを読んで4球目のフォアフラットをカウンター気味に打つと効果的

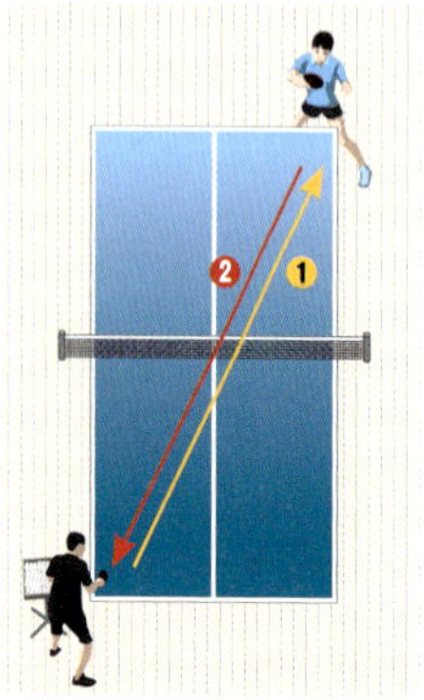

パートナー ❶下回転
練習者 ❷バックドライブ

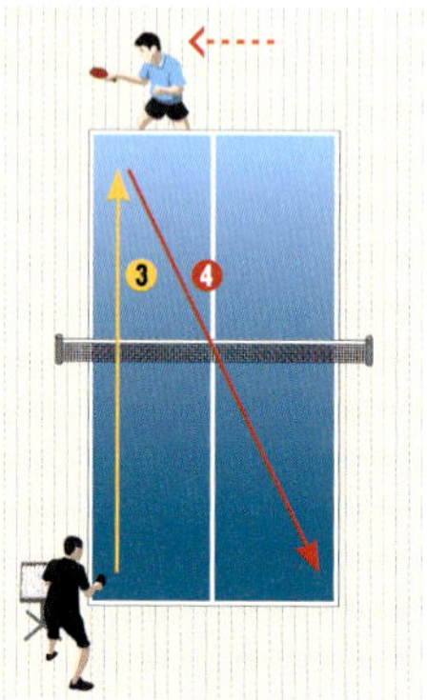

パートナー ❸順回転
練習者 ❹フォアフラット

技術と技能を身につける

ねらい

クロスに決める得点パターン②

難易度 ★★★★

回 数 13セット

習得できる技能

- ⇨フットワーク
- ⇨コンビネーション
- ⇨コースの打ち分け
- ⇨逆のコースに打つ

Menu 067 回り込みドライブからフォアフラット

▼やり方

パートナー　バックサイドから、下回転の球をバック側に出し、2球目以降は順回転でフォア側、バック側、フォア側の順に球出しをする

練習者　1球目の下回転に対して回り込みドライブを打ち、大きいフットワークを使いながら、フォアフラット、バックフラット、フォアフラットと続けて打つ

ポイント

大きいフットワークは体の軸が崩れやすい

この練習では、最後にクロスへ打って決めることはもちろんだが、大きいフットワークを使いながら攻撃し続けられるかが大切になる。大きいフットワークでは、体の軸やバランスが崩れがちになるので、安定して打ち続けることを目指す

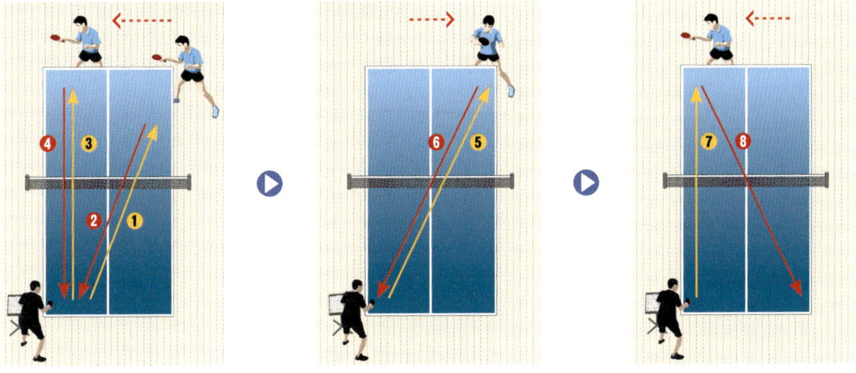

パートナー　①下回転
③順回転
練習者　❷回り込みドライブ
❹フォアフラット

パートナー　⑤順回転
練習者　❻バックフラット

パートナー　⑦順回転
練習者　❽フォアフラット

難易度	★★★★
回数	25セット

習得できる技能
- ⇨フットワーク
- ⇨コンビネーション
- ⇨逆のコースに打つ

ねらい
相手と逆のコースに決める展開を覚える①

Menu 068 回り込みドライブからフォアフラット

▼やり方

パートナー　フォアサイドから、下回転の球をバック側に出し、続けて順回転の球を再びバック側に球出しする

練習者　1球目の下回転の球を、回り込みからフォアドライブでストレートに打つ。そして、2球目はもう一度、回り込みからフォアフラットでクロスに強打する

ポイント

相手のいないバック側を攻める

回り込みドライブを打ったあとに、バック側へ返って来る球を待ち伏せて、相手のいないバック側に攻撃していく展開。また、一見、簡単そうに見えるこの練習も、線と点の打ち分けや、コースによる体の使い方などを反復練習で覚えていく必要がある

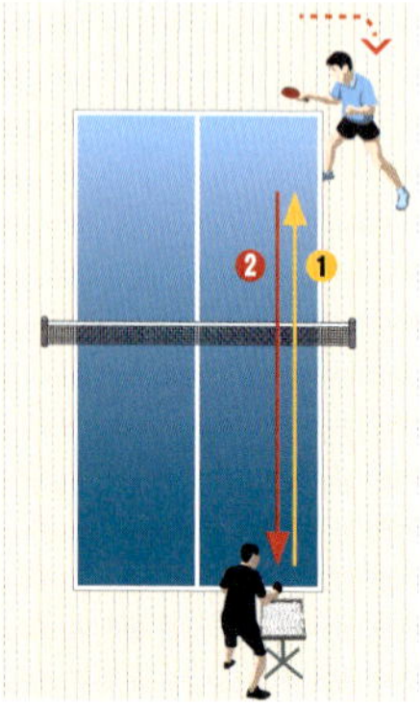

パートナー　❶下回転
練習者　❷回り込みドライブ

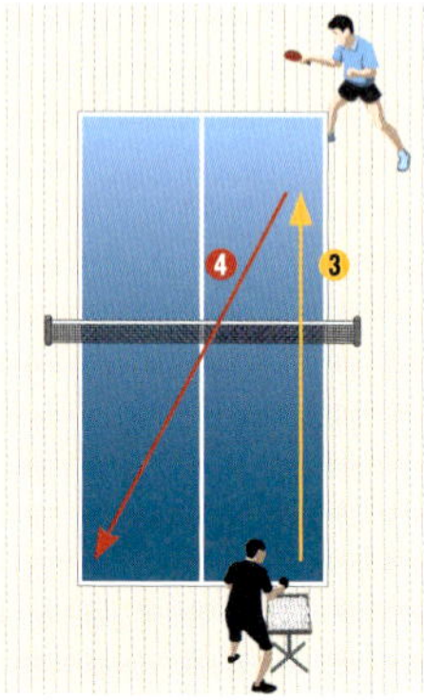

パートナー　❸順回転
練習者　❹フォアフラット

Level UP!

線と点でとらえる違い・・・

どのショットにも言えることだが、ストレートに来たボールをストレートに打ち返す場合は、相手が打った打球の軌道の直線上でとらえれば返すことは難しくなく、多少タイミングがずれてもミスにはなりにくい。しかし、ストレートに来たボールをクロスに打ち返す場合は、インパクトの位置が前すぎても後ろすぎてもミスになりやすい。正しいインパクト位置はわずかで、その正しい「点」でとらえる練習をしっかりとすることが打ち分けにつながる。

ストレート
ストレートをストレートで返す場合は、ボールを線でとらえれば良い
Nittaku
Nittaku

クロス
ストレートをクロスに返す場合は、ボールを点でとらえなければならない

技術と技能を身につける

ねらい
相手と逆のコースに決める展開を覚える②

難易度 ★★★★
回 数 25セット

習得できる技能
⇨ フットワーク
⇨ コンビネーション
⇨ 逆のコースに打つ

Menu 069 フォアドライブからフォアフラット

▼ やり方

パートナー　フォアサイドから下回転の球をフォア側に出し、続けて順回転の球を再びフォア側に球出しする

練習者　1球目の下回転の球をフォアサイドへのフットワークからフォアドライブでクロスに打つ。2球目はもう一度フォア側へ返って来た球をフォアフラットでストレートに強打する

ポイント

フラットをストレートに強打して決める

フォアドライブをクロスに打って攻めたあと、フォア側に返って来た球をフォアフラットでストレートに強打して決めにいくパターン。同じフォア側から打つのでも、クロスとストレートでは体の使い方が違ってくるので、交互に打って体に覚えさせる

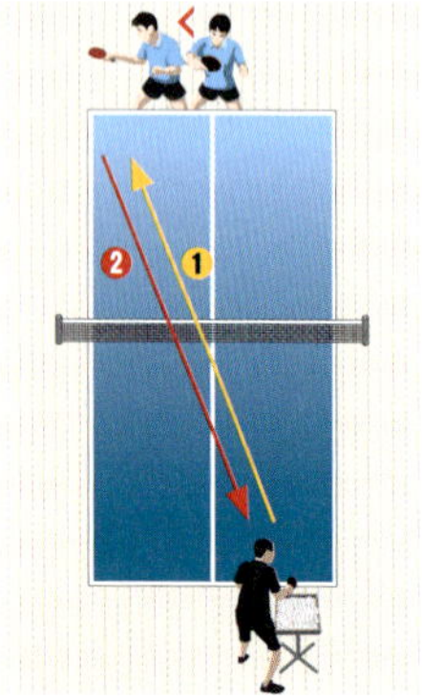

パートナー ❶下回転
練習者 ❷フォアドライブ

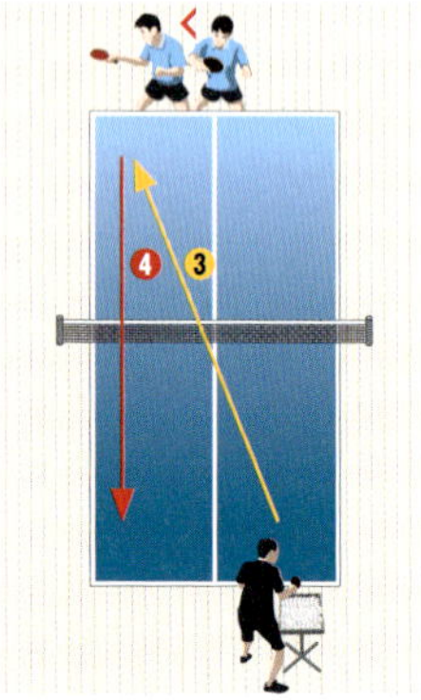

パートナー ❸順回転
練習者 ❹フォアフラット

Level UP!

打つコースに体を向ける

この練習では、相手がフォア側からクロスにボールを打っている。練習者はクロスに打ち返す場合は、ボールが来た方向に体を向けたままで打って大丈夫だが、コースを変えてストレートに打つ場合には注意が必要。ストレートに打つ場合には、打つ方向（相手のバック側）に体を向ける意識が必要で、そうするとバックスイングでは右肩が外側に開くようになる。右肩を閉じていたのでは、うまくストレートに打てないので、意識して取り組んでみよう。

相手がフォア側からクロスに打ってくる
バックスイングで肩を外側に向けて開く
体を打つコースに向けてインパクト

難易度 ★★★★
回　数 25セット

ねらい

相手と逆のコースに決める展開を覚える③

Menu 070 バック側でストレートからクロス

習得できる技能
⇨ フットワーク
⇨ コンビネーション
⇨ 逆のコースに打つ

❷バックドライブ
ストレートへ打つときの距離感に注意

▼ やり方

パートナー　フォアサイドから、下回転の球をバック側に出し、続けて順回転の球を再びバック側に球出しする

練習者　1球目の下回転の球をバックドライブでストレートに打ち、2球目は、バックフラットでクロスに強打する

ポイント

クロスよりストレートに打つほうが難しい

1打目のバックドライブで攻めて、2打目のバックフラットで逆のコースに決める展開。ポイントは**バックドライブをストレートに打つときの距離感**。基本的に、距離の長いクロスよりも、台のエンドラインまでが短いストレートに打つほうが難しいので、しっかりと打ち分けの感覚をつかむ

❷
❶

パートナー　❶下回転
練習者　❷バックドライブ

❹
❸

パートナー　❸順回転
練習者　❹バックフラット

ねらい

相手と逆のコースに決める展開を覚える④

Menu 071 バック側でクロスからストレート

難易度	★★★★
回数	25セット

習得できる技能
⇨ フットワーク
⇨ 逆のコースに打つ

④バックフラット
クロスのラリーからストレートへコースを変える

▼やり方

パートナー バックサイドから、下回転の球をバック側に出し、続けて順回転の球を再びバック側に球出しする

練習者 1球目の下回転の球をバックドライブでクロスに返球する。そして、2球目はバック側へと返って来た順回転の球を想定し、バックフラットでフォア側に強打する

ポイント

コースを変えるのは難易度が高くなる

1球目の下回転の球をバックドライブで返球するのは線でとらえるため、難易度はあまり高くない。しかし、コースを変える2球目のバックフラット（P111参照）は、点でとらえることもあって、やや難易度が高くなるため、タイミングをつかめるよう練習を積む

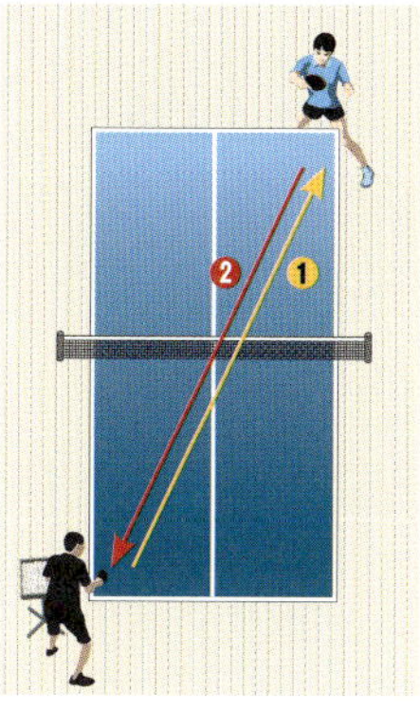
②
①

パートナー ①下回転
練習者 ②バックドライブ

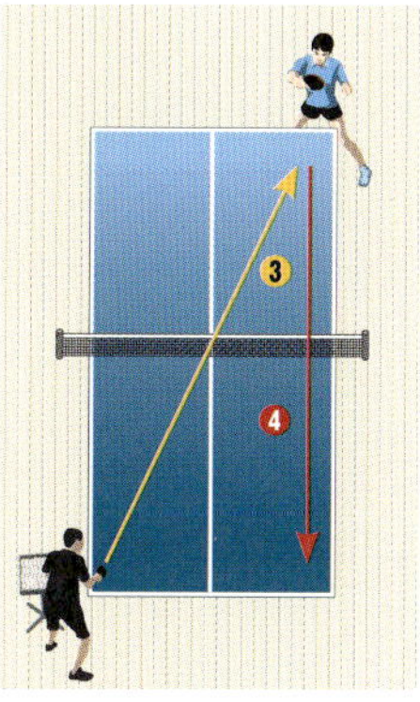
③
④

パートナー ③順回転
練習者 ④バックフラット

技術と技能を身につける

ねらい

相手と逆のコースに決める展開を覚える⑤

Menu 072 回り込みでクロスからストレート

難易度 ★★★★

回　数 25セット

習得できる技能

⇨ フットワーク

⇨ 逆のコースに打つ

❹回り込みフラット
2打目は体を開いて
ストレート方向に向ける

▼ やり方

パートナー　バックサイドから下回転の球をバック側に出し、続けて順回転の球を再びバック側に球出しする

練習者　1球目の下回転の球を回り込みドライブでクロスに返球する。そして、2球目はバック側へと返って来た順回転の球を想定し、回り込みフラットでフォア側に強打する

ポイント

体を開いてストレートに打つ

このメニューでも、1球目の下回転の球を回り込みドライブでクロスに返球するのは、線でとらえることもあって難易度はあまり高くない。しかし、ストレートに打つ2球目の回り込みフラットは、体を開いてストレートの方向に向けて打つことに注意するなど（P113参照）難易度がやや高くなる

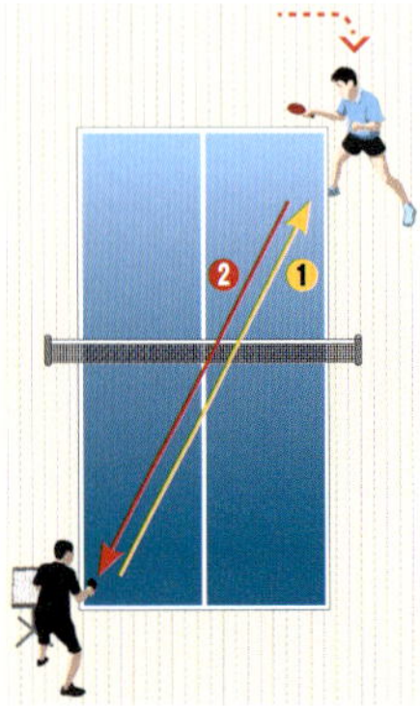

パートナー ①下回転

練習者 ❷回り込みドライブ

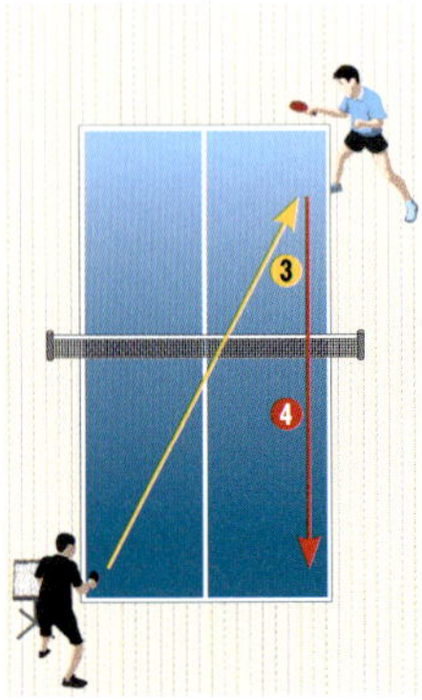

パートナー ③順回転

練習者 ❹回り込みフラット

難易度	★★★★
回　数	25セット

習得できる技能
⇨ フットワーク
⇨ 逆のコースに打つ

ねらい

相手と逆のコースに決める展開を覚える⑥

Menu 073 フォア側でストレートからクロス

▼やり方

パートナー　バックサイドから下回転の球をフォア側に出し、続けて順回転の球を再びフォア側に球出しする

練習者　ミドルからフォア側にフットワークして、1球目の下回転の球をフォアドライブでストレートに返球する。1度ミドルに戻ってから、再度フットワークを使って2球目をフォアフラットでクロスに強打する

ポイント

クロスは肩を開かない

P113でも説明したように、フォアハンドでストレートに打つ場合は、肩を外側に向けて体を開くこと。反対に、2球目でフォアからクロスに打つ場合は、肩を開かずに体をクロス方向へ向けることが大切になる。ストレートとクロスを交互に打つことで、体の使い方やタイミングを身につける

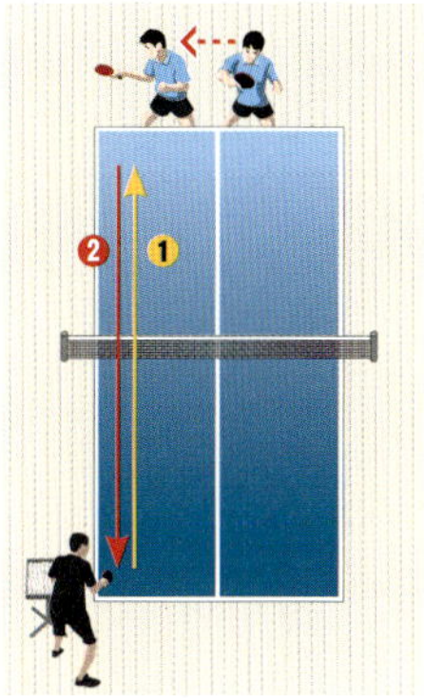

パートナー　①下回転
練習者　❷フォアドライブ

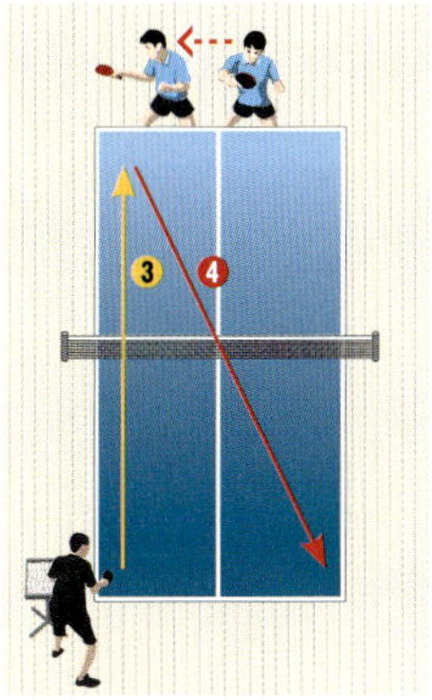

パートナー　③順回転
練習者　❹フォアフラット

コラム 2

ゲーム練習で実戦力を高める

現在、丸善クラブの渡辺教室には25名の子どもたちが所属しているため、私が一度にすべての選手を見てあげることはできません。そこで、多球練習をしている以外のメンバーには、基本的に空いている台でゲーム練習をさせています。

このゲーム練習はとても大切で、多球練習で身につけた技術を実戦で使えるように練習する場となっているほか、サーブなど多球練習に含まれていない技術も、ここで覚えることができます。

また、クラブでは選手の実力ごとにA～Eまでランク分けしているのですが、上級者のAランクだけで試合をさせるのではなく、時にはAランクと初級者のEランクとを対戦させることもあるのです。それは上級者同士の試合ばかりでは、ある程度、展開が読めてしまうためです。学校の部活動などでも、先生と練習試合などをすれば、慣れてしまっていてボールがどこに来るのかが読めてしまう……ということもあるかと思います。

しかし、初級者レベルの選手との対戦では、思いもつかないボールを打たれたりするものです。それは、上級者にとっては思い通りにいかないことにつながります。ですから、私は常々選手たちに「練習中はふざけるな。相手を見下すな」と言っています。

さすがに上級者が初心者とばかり対戦していたのでは、どちらにとっても練習になりませんから、そういった対戦はあくまでたまに行う程度ですが、そうしたやり方も時には効果があると思います。

第４章

攻撃後の対応と打ち分け

この章では、回り込み後の動きやフリック後の対応など、
戻り動作を意識したものと
各コースへ打ち分けるメニューが中心です。
攻撃をしっかり得点へつなげられるようにしましょう。

攻撃後の対応と打ち分け

ねらい

回り込み後の戻りをスムーズにする

難易度 ★★★★☆

回　数 8セット

習得できる技能
- ⇨フットワーク
- ⇨コンビネーション
- ⇨どこに来ても打つ

Menu 074 回り込みドライブからの戻り

▼やり方

パートナー　バックサイドから、下回転をバック側に出したあと、2球目は順回転の球をミドルに。3球目以降も下回転と順回転を交互にバック側、フォア側、バック側、バック側と球出しする

練習者　バック側での回り込みドライブと、ミドルでフォアフラット、フォア側でフォアフラット、バック側でバックフラットを交互に打つ

ポイント

回り込みドライブは右足に重心を残して打つ

回り込みドライブで攻撃をしたあと、**どこに返球されても対応できるようにする**のが目的。回り込みドライブを打ったときに、しっかりと右足に重心を残して戻りを素早くすることで、次への動き出しを速くして、どのコースにきても対応していく

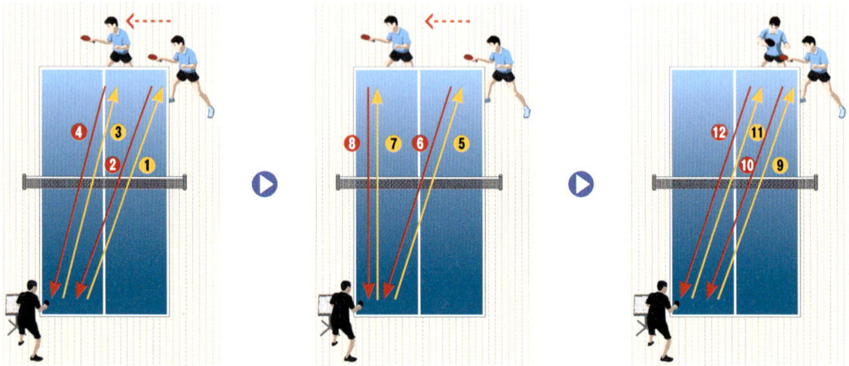

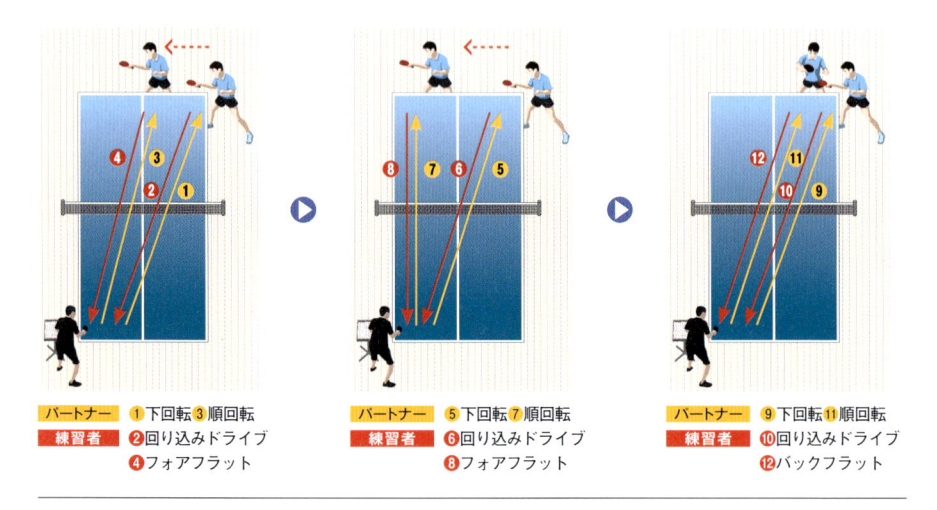

パートナー　❶下回転❸順回転
練習者　❷回り込みドライブ　❹フォアフラット

パートナー　❺下回転❼順回転
練習者　❻回り込みドライブ　❽フォアフラット

パートナー　❾下回転⓫順回転
練習者　❿回り込みドライブ　⓬バックフラット

ねらい

フリック後の戻りをスムーズにする①

難易度	★★★★☆
回数	8セット

習得できる技能
- ⇨フットワーク
- ⇨コンビネーション
- ⇨コースの打ち分け
- ⇨逆のコースに打つ
- ⇨どこに来ても打つ

Menu 075 バック前フリックからの戻り

▼やり方

パートナー　バックサイドから、下回転の甘い球と順回転の球を交互に出す。下回転の甘い球はバック前に、順回転の球はバック側、フォア側、フォア側の順番に出す

練習者　下回転の甘い球に対するバック前フリックと、順回転の球に対するフラットを交互に打つ。フラットは1回目がバックフラット、2回目と3回目がフォアフラットになる

ポイント

フリックは止まって打つ

フリック後の戻り動作と、次のフラットの打ち分けが目的の練習。しかし、フラットへの移動を早くしようとしてフリックを打ったあとの戻りを意識しすぎると、フリックで体が流れてしっかり打てていないことが多い。止まって打つという基本を再認識しながらフリックを打つこと

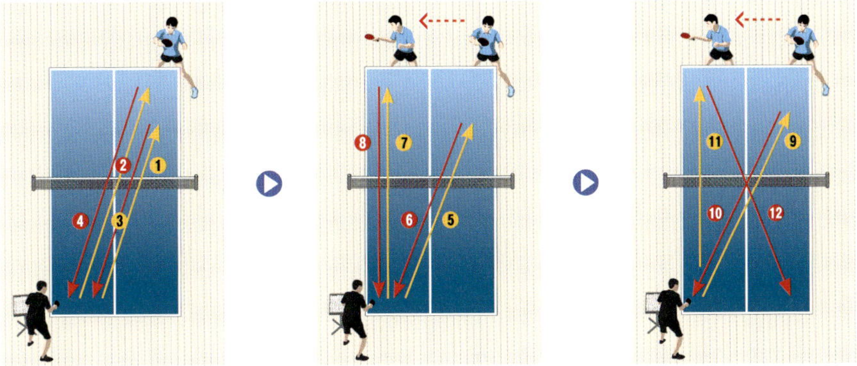

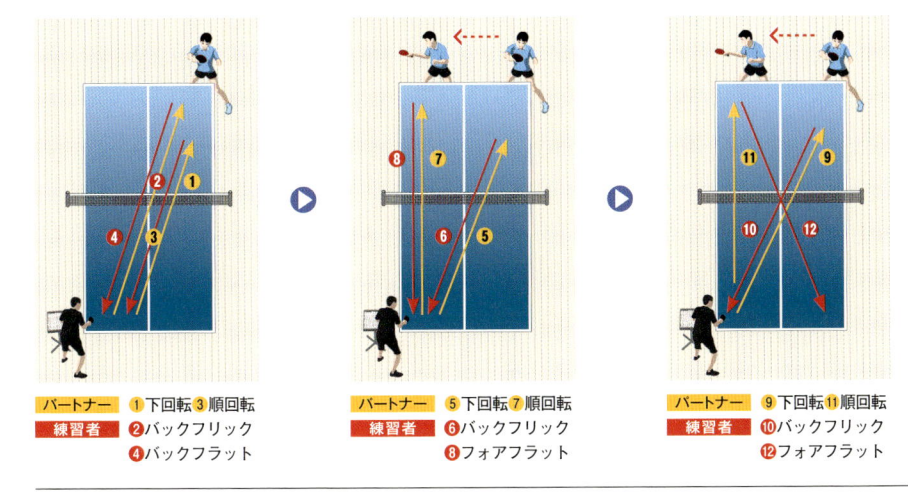

パートナー　①下回転③順回転
練習者　②バックフリック
④バックフラット

パートナー　⑤下回転⑦順回転
練習者　⑥バックフリック
⑧フォアフラット

パートナー　⑨下回転⑪順回転
練習者　⑩バックフリック
⑫フォアフラット

難易度 ★★★★☆
回　数 8セット

習得できる技能
⇨ フットワーク
⇨ コンビネーション
⇨ コースの打ち分け
⇨ 逆のコースに打つ
⇨ どこに来ても打つ

ねらい

フリック後の戻りをスムーズにする②

Menu 076 フォア前フリックからの戻り

⑩フォアフリック

⑫バックフラット

▼やり方

パートナー　フォアサイドから、下回転の甘い球と順回転の球を交互に出す。下回転の甘い球はフォア前に、順回転の球はフォア側、バック側、バック側の順番に出す

練習者　フォア前フリックからフォアフラットを打った後は、フォア前フリックからバックフラットを2セット行う。ただし、バックフラットはストレートとクロスへ打ち分ける

ポイント

フリックのあと素早く戻る

Menu075と同様にフリック後の戻りとその後の打球への対応が目的。フリックを止まって打ったあとは、素早く戻って次の球に備えること。また、練習者は4打目のフラットが、ストレートでミスになりやすいので入れることを優先に。逆にクロスでは思いきって強打するイメージを持つ

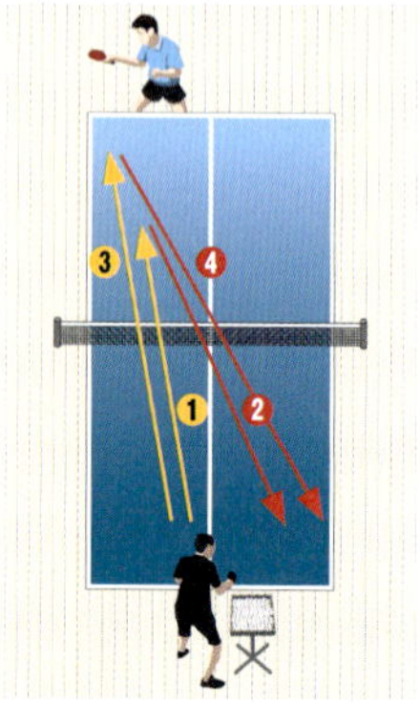

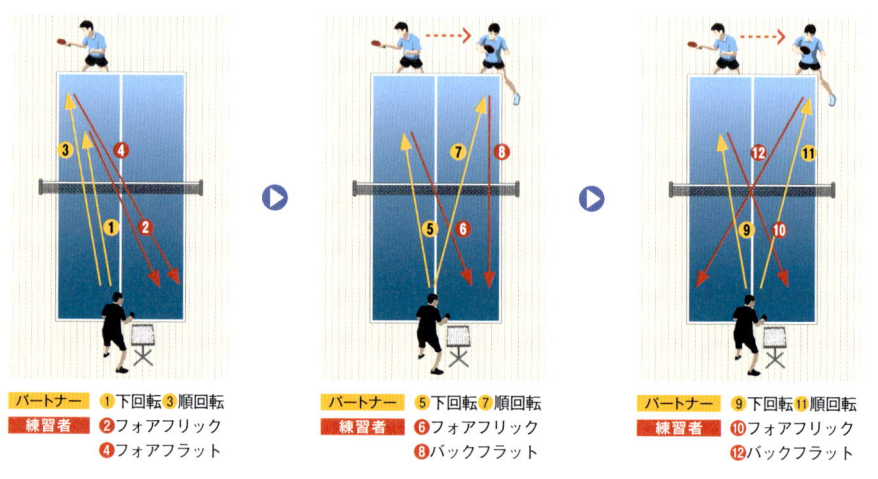

パートナー ①下回転③順回転
練習者 ②フォアフリック
④フォアフラット

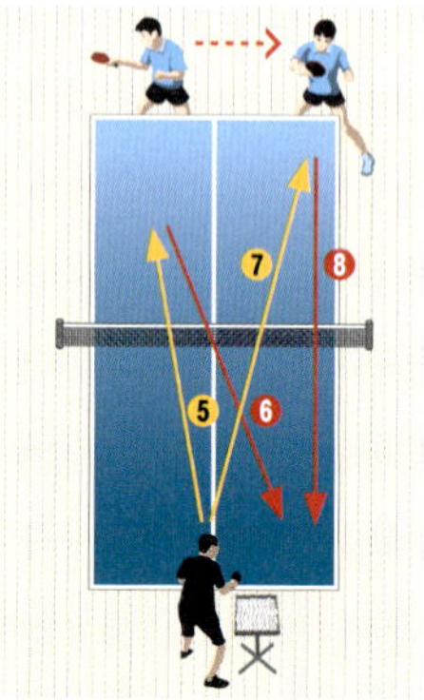

パートナー ⑤下回転⑦順回転
練習者 ⑥フォアフリック
⑧バックフラット

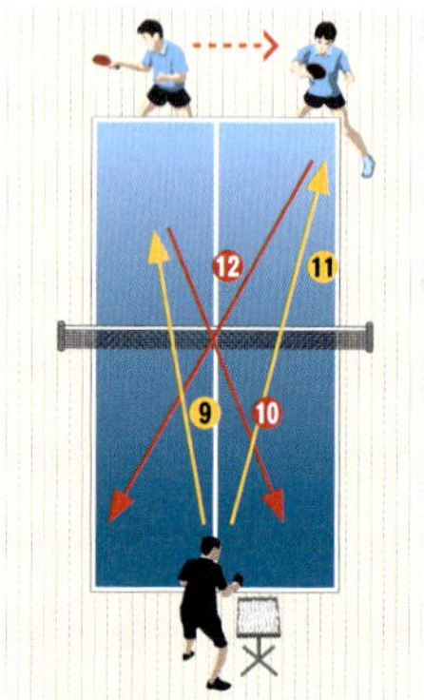

パートナー ⑨下回転⑪順回転
練習者 ⑩フォアフリック
⑫バックフラット

攻撃後の対応と打ち分け

ねらい
ツッツキ後の戻りをスムーズにする

難易度 ★★★★☆

回数 13セット

習得できる技能
- ⇨ フットワーク
- ⇨ コンビネーション
- ⇨ コースの打ち分け
- ⇨ 逆のコースに打つ
- ⇨ どこに来ても打つ

Menu 077 ツッツキからの戻り

▼ やり方

パートナー　バックサイドから、下回転の球をバック前に出し、続けて順回転の球をフォア側に。そして、3球目で下回転の球をフォア前に出したら、順回転の球をバック側に出す

練習者　バック前でバックツッツキを打ち、フォアサイドへ動いてフォアフラットをストレートに。次に、フォア前でフォアツッツキを打ち、バックサイドへ動いてバックフラットをクロスに打つ

ポイント

ツッツキはエンドラインを狙う

ツッツキから相手がコースを変えてきたときの展開。ツッツキを打ったあとの戻りを素早くして、逆サイドへの動きをスムーズに行うことはもちろんだが、ツッツキはエンドラインギリギリを狙って、相手にツッツキで返させる意識を持つこと

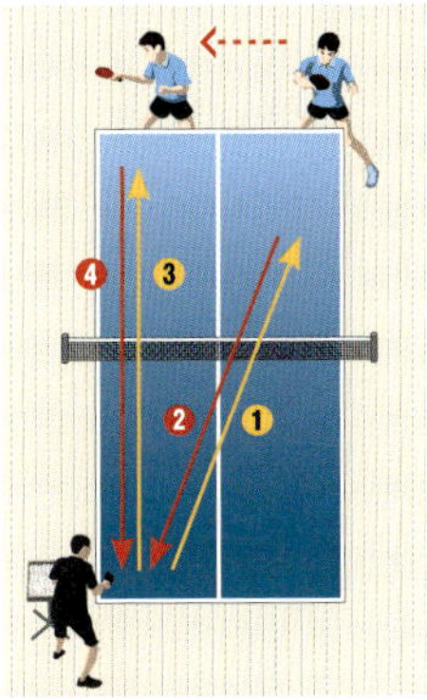

パートナー　①下回転③順回転
練習者　②バックツッツキ
④フォアフラット

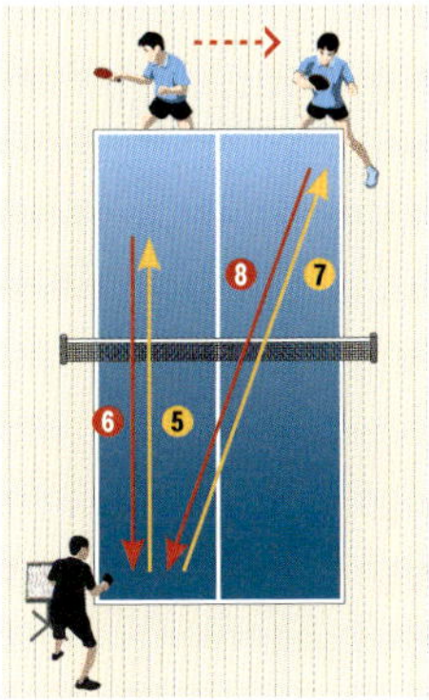

パートナー　⑤下回転⑦順回転
練習者　⑥フォアツッツキ
⑧バックフラット

ねらい
飛びつきのフットワークと打ち分け

Menu 078 回り込みドライブから飛びつき

難易度	★★★★
回数	13セット
習得できる技能	⇨フットワーク ⇨コンビネーション ⇨コースの打ち分け

❹飛びつきでフォアフラット
慣れてきたら飛びつきからの打ち分けも意識する

▼やり方

パートナー　バックサイドから、下回転の球をバック側に出し、次に順回転の球をフォア側へ球出し。これを2セット続ける

練習者　1セット目は、下回転の球に対して回り込みドライブを打ったあと、フォア側に飛びついてフォアフラットをストレートに。2セット目は、同じく回り込みドライブからフォア側に飛びついて、フォアフラットをクロスに打つ

ポイント

飛びつきの感覚をつかむ

回り込みからフォア側へ返されたときには、飛びつきから打つこともあるため、フットワークや打ち方などを身につけておく。また、はじめのうちは、飛びつきの感覚をつかむためにも、飛びつきからのストレートとクロスを交互にやらず、ストレートを10本やったらクロスを10本というようにすると良い

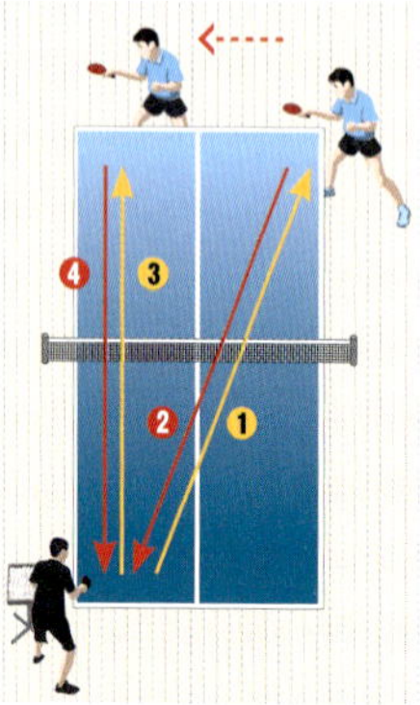

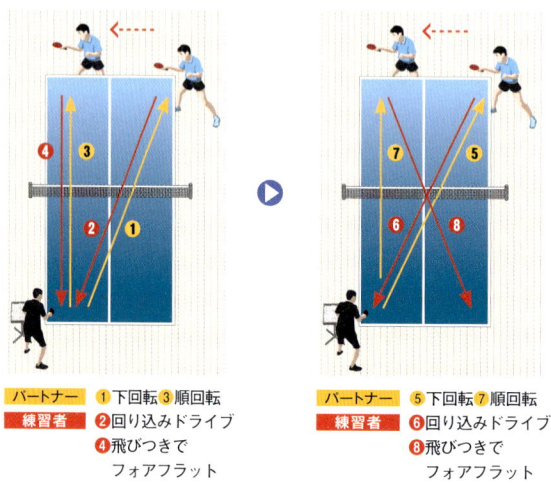

パートナー　①下回転③順回転
練習者　❷回り込みドライブ　❹飛びつきでフォアフラット

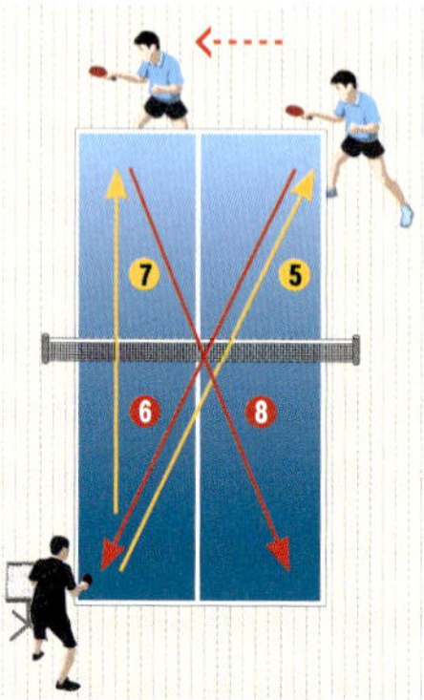

パートナー　⑤下回転⑦順回転
練習者　❻回り込みドライブ　❽飛びつきでフォアフラット

Level UP!

右足に体重を乗せて飛びつく

飛びつきのフットワークは、まず、回り込みドライブを打ったあとに、右足を大きく踏み出して体重を乗せ、その右足で床を蹴ってフォア側へ大きく飛ぶ。飛びついてからバックスイングをしていたのでは、相手の打球に間に合わずに振り遅れてしまうので、飛びつくと同時に上体を捻ってバックスイングもしておくこと。そして、ジャンプしながらインパクトをして、インパクト後に着地をするイメージになる。また、ストレートに打つよりも、クロスに打つほうがより上体を捻る必要があるため、難易度が高くなる点も注意。

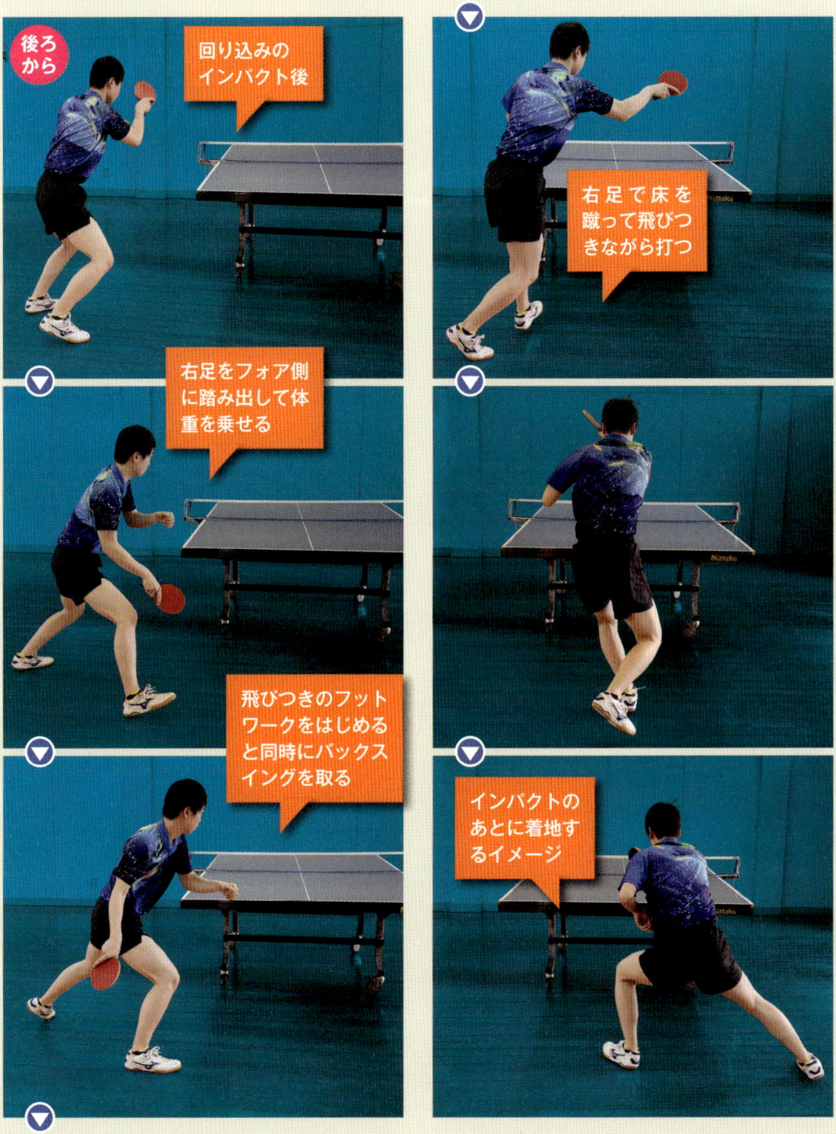
後ろから
回り込みのインパクト後
右足をフォア側に踏み出して体重を乗せる
飛びつきのフットワークをはじめると同時にバックスイングを取る
右足で床を蹴って飛びつきながら打つ
インパクトのあとに着地するイメージ

ねらい

回り込みフラットを打ち分ける

難易度 ★★★★

回　数 8セット

習得できる技能

- ⇨ フットワーク
- ⇨ コンビネーション
- ⇨ コースの打ち分け

Menu 079 切り返し回り込みフラット3点打ち分け

②バックフラット

④回り込みフラット

▼ やり方

パートナー　バックサイドから、すべて順回転の球でバック側に6球続けて球出しをする

練習者　バックフラットと回り込みフォアフラットを交互に打つ。ただし、バックフラットはすべてクロスに打つが、回り込みフラットは、バック側、ミドル、フォア側の順で打ち分ける

ポイント

順番に繰り返して体の向きを覚える

フォアとバックの切り返しを練習すると同時に、回り込みから3点に打ち分けることが目的。打つコースによって、立ち位置や体の向きなどが少しずつ異なってくるため、それを順番に繰り返すことで、違いを覚えることがこの練習での一番のポイントとなる

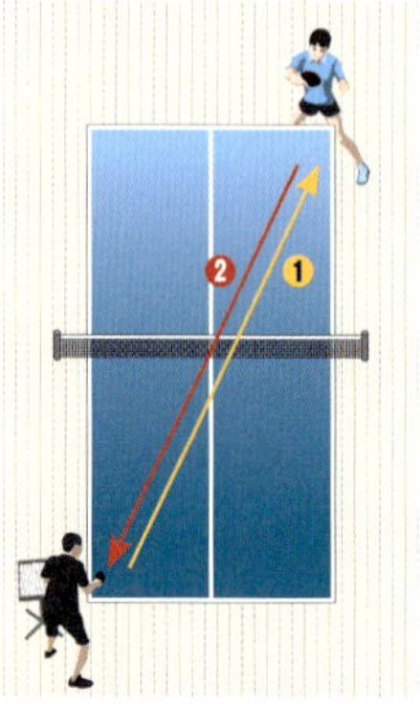

パートナー ①順回転
練習者 ②バックフラット

パートナー ③順回転
練習者 ④回り込みフラット（クロスへ）

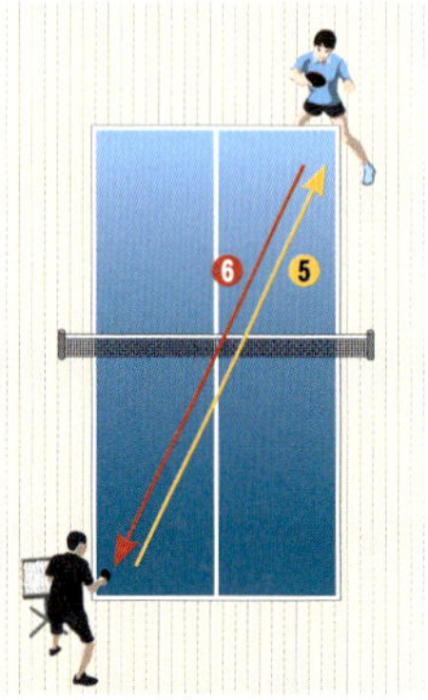

パートナー ⑤順回転
練習者 ⑥バックフラット

Level UP!

打つ方向へ体を向ける

回り込みから、フラットを3点に打ち分ける場合、大きく異なるのが体の向きだ。立ち位置は若干変わるものの、同じ回り込みから違う方向へ打つのに、同じ体の使い方をして手の動きだけで打ち分けようとすると、ミスにつながってしまう。
そこで、基本となるのは打つ方向へ体を向けること。クロスへ打つ場合は上体を大きく開くようにして、そこからストレート側を狙うにつれて、少しずつ上体を正面に向けていく。また、これはミート打ちやドライブのときでも同じようにすること。

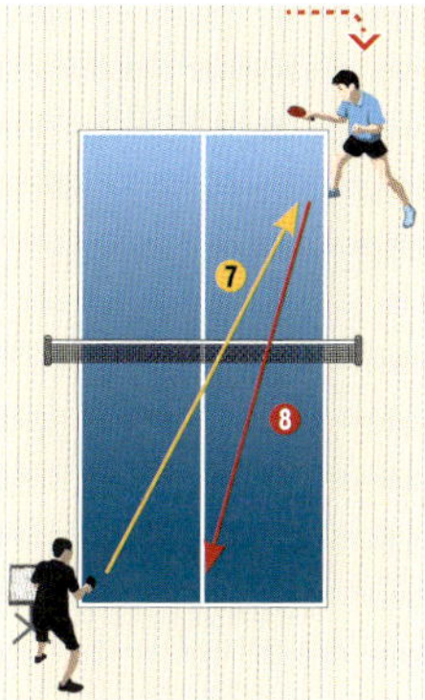

パートナー ⑦順回転
練習者 ⑧回り込みフラット（ミドルへ）

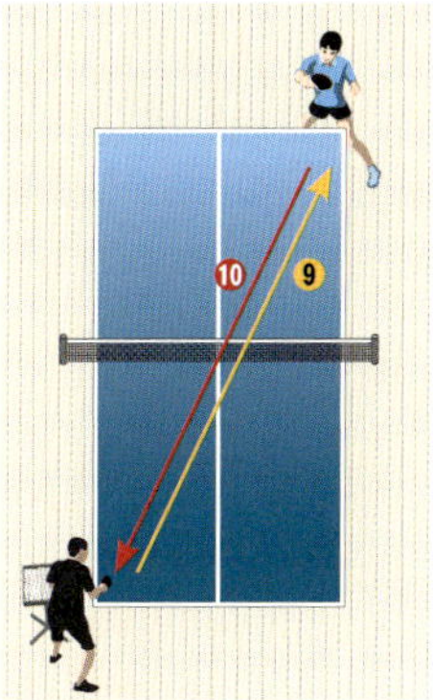

パートナー ⑨順回転
練習者 ⑩バックフラット

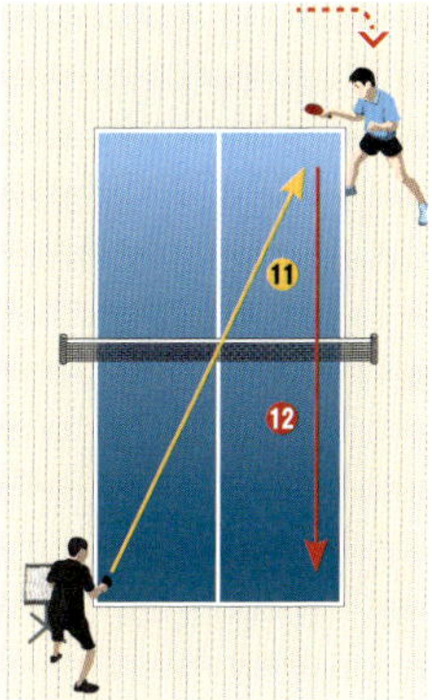

パートナー ⑪順回転
練習者 ⑫回り込みフラット（ストレートへ）

攻撃後の対応と打ち分け

ねらい
バックフラットを打ち分ける

Menu 080 切り返しバックフラット 3点打ち分け

難易度 ★★★★

回数 8セット

習得できる技能
- ⇨ フットワーク
- ⇨ コンビネーション
- ⇨ コースの打ち分け
- ⇨ どこに来ても打つ

▼やり方

パートナー バックサイドから、すべて順回転の球でミドルとバック側を交互に6球続けて球出しをする

練習者 ミドルではフォアフラット、バック側ではバックフラットを打つ。ただし、ミドルからのフォアフラットはすべてバック側に打つが、バックフラットは、バック側、ミドル、フォア側の順で打ち分ける

ポイント

ミドルを入れて打ち分けに集中

ミドルではなく、バック側とフォア側の大きいフットワークでも良いが、大きいフットワークだと難易度があがってしまう。ミドルから行うことで、フットワークの動きを小さくしてバックフラットでの打ち分けに集中させる。同じ位置からのバックフラットでも、体の使い方やインパクトの位置の違いを覚える

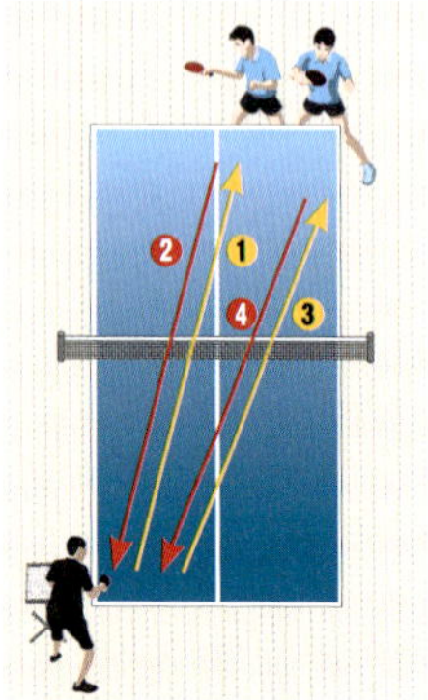

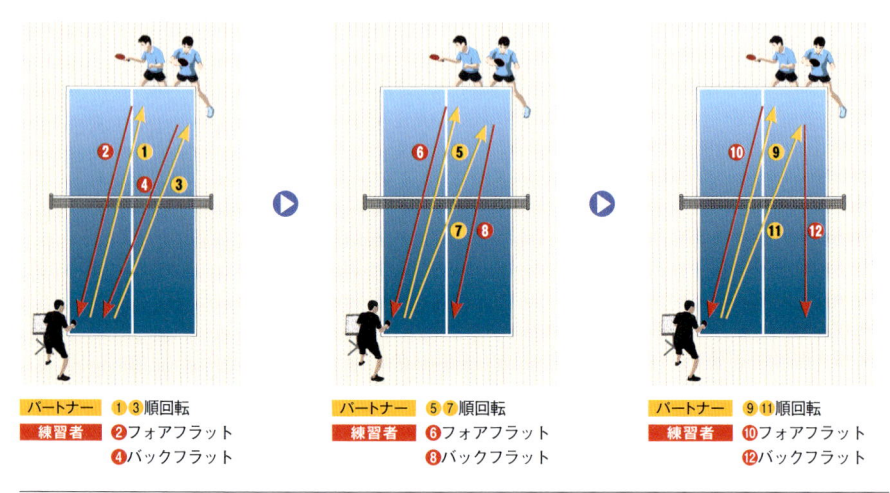

パートナー ①③順回転
練習者 ②フォアフラット
④バックフラット

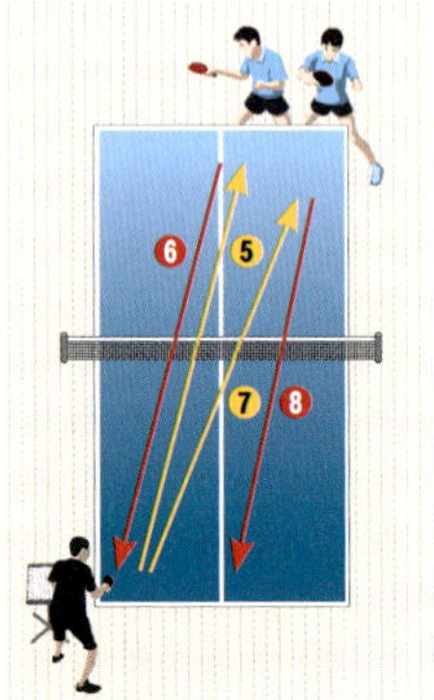

パートナー ⑤⑦順回転
練習者 ⑥フォアフラット
⑧バックフラット

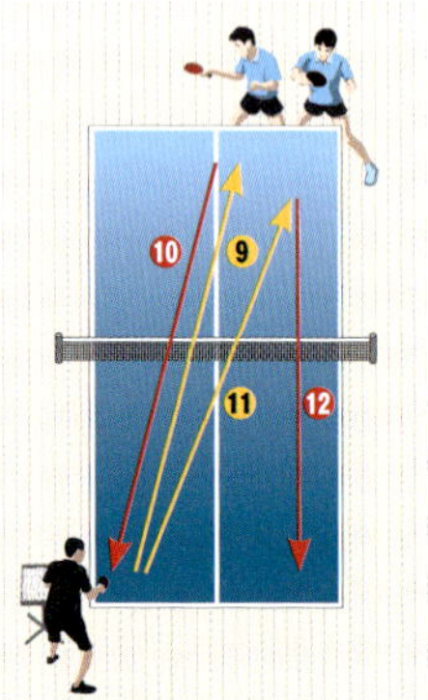

パートナー ⑨⑪順回転
練習者 ⑩フォアフラット
⑫バックフラット

攻撃後の対応と打ち分け

ねらい

フォアフラットを打ち分ける

Menu 081 切り返しフォアフラット3点打ち分け

難易度 ★★★★

回数 8セット

習得できる技能
⇨ フットワーク
⇨ コンビネーション
⇨ コースの打ち分け
⇨ どこに来ても打つ

バックフラットをバック側に打つ

❷バックフラット

フォアフラットを3点に打ち分ける

❹フォアフラット

▼ やり方

パートナー　バックサイドから、すべて順回転の球でミドルとフォア側を交互に6球続けて球出しをする

練習者　ミドルではバックフラット、フォア側ではフォアフラットを打つ。これもMenu079-080と同様にミドルからのバックフラットはすべてバック側に打つが、フォアフラットは、バック側、ミドル、フォア側の順で打ち分ける

ポイント

ミドルも狙えるようにしよう

先に紹介した2つのメニューと同じように、フォア側からのフォアフラットの打ち分けを覚える練習。回り込み、バック側、フォア側からの打ち分けがすべてできるようになれば、どこからでもどのコースにも打てるようになる。同じコースにばかり打つ人も多いので、ミドルなども試合で使えるようにする

パートナー ①③順回転
練習者 ❷バックフラット
❹フォアフラット

パートナー ⑤⑦順回転
練習者 ❻バックフラット
❽フォアフラット

パートナー ⑨⑪順回転
練習者 ❿バックフラット
⓬フォアフラット

コラム 3

土台となる技術は、ドライブではなくフラット

近年、大会などに参加したときに子どもたちの卓球を見ていて思うのは、基本のフラットではなく、そこを飛び越えてドライブに走ってしまう選手が多いということです。

卓球では、どんな打球にもある程度の回転はかかっていますから、強い回転で回転を上書きして返すほうが楽かもしれません。また、ラケットのラバーが厚くなっている現在では、ラケットの芯でとらえるような打ち方よりも、ラバーの摩擦を使って回転をかけるドライブのほうがやりやすくなっているとも言えます。そのため、子どもたちは難しいフラットが嫌になり、楽なドライブを打ちたがる。

しかし、現在、卓球の指導をしている方をはじめ、誰でも最初はフラットを練習してきたはずです。それにもかかわらず、指導者も目先の勝利に目が向き、ドライブを教えてしまっているのではないでしょうか。フラットが打てなければ、甘いボールが返って来てもミート打ち（スマッシュ）で台のサイドを切るような打ち方もできず、ドライブで返球することになってボールを叩くことができません。

そういった卓球の基本を忘れずに、子どもたちの成長を将来へとつなげるためにも、基本はフラットと考えて指導してあげてほしいと思います。

第5章

上達のための土台づくり

卓球をはじめたばかりの初級者向けメニューを紹介します。
これから卓球をはじめるという人も
ここからスタートしていきましょう。
また、上達したあとの中級者メニューの一部もお伝えします。

初級者コース
はじめたばかりの人へ

初級者コースの内容と目的

丸善クラブに入ってきて、初めて卓球をやる子どもたちが行うのが、この初級者コースです。卓球をはじめたばかりの子どもを一人前に育てるためには、「基礎技術を身につける」(P10-30参照) で紹介した技術と5つの技能を身につけさせることが、大切だと私は思っています。そして、多球練習を通じて、ボールをいっぱい打たせながら一つひとつの技を身につけさせれば、必ず何かが見つかると信じて指導をしてきました。

また、多くの技術の中でも軸となるのは、フォアとバックのフラットです。グリップ、スタンス、姿勢の3つがボールを打つ前の準備として大事なものだとしたら、次はフラットで「自然体でバランス良く」「インパクトで軸がブレず」「スムーズでリズミカルなスイング」ができることが大切です。

なにしろ、卓球をはじめたばかりの子どもたちには、これらの「初期設定」が必要です。そのためには、本格的な練習に入る前にこの初級者コースでたっぷりと時間をかけ、やさしい練習メニューを通じて基礎的な技術や技能を体に覚えさせていくことが必要なのです。

多球練習メニューの組み方

初級者コース

①Menu032 フットワーク小 P64
②Menu033 バック・フォア小 P66
③Menu034 切り返しミドル P68
④Menu082 フォアの3点フットワーク P134
⑤Menu083 バックの3点フットワーク P136
⑥Menu035 切り返しフォア・フォア P70
⑦Menu038 B+フットワーク大小 P73
⑧Menu039 バック・フォア大小 P74
⑨Menu040 切り返しバック・フォア P76
⑩Menu084 フォアミート打ち P137
⑪Menu085 バックミート打ち P137
⑫Menu086 フォアドライブ P138
⑬Menu087 バックドライブ P138
⑭Menu088 バックツッツキ→回り込み or ドライブ P139
⑮Menu089 バックツッツキ打ち分け P140
⑯Menu090 フォアツッツキ→バックor フォアドライブ P142
⑰Menu091 フォアツッツキ打ち分け P143
⑱Menu092 フォア前フリック+フォア P144
⑲Menu093 バック前フリック+バック P145
⑳Menu045 ドライブで先手を取る① P82
㉑Menu046 ドライブで先手を取る② P83
㉒Menu048 ツッツキからの仕掛け② P86
㉓Menu049 バックブロックからバックプッシュ P88
㉔Menu020 展開のバリエーションを増やす① P46
㉕Menu018 試合で多く使われる展開を覚える② P44
㉖Menu028 仕掛けパターンを身につける① P57

＊この初級者コースのメニューのうち、他の章で掲載していないMenu082-093をP134から紹介します

上達のための土台づくり

ねらい

フォア側への フットワークを身につける

Menu 082 フォアの3点フットワーク

難易度 ★★★☆☆

回数 13セット

習得できる技能

- ⇨ フットワーク
- ⇨ コンビネーション
- ⇨ コースの打ち分け
- ⇨ 逆のコースに打つ
- ⇨ どこに来ても打つ

▼やり方

パートナー　バックサイドから、すべて順回転でバック側、ミドル、フォア側、ミドルの順に球出しをする

練習者　パートナーから球出しされたコースに対して、2歩動で動きながら、すべてフォアフラットでバック側に返球する

ポイント

最後にミドルを入れる

フォアの3点フットワークだが、**最後に必ずミドルを入れる**こと。そうすることで、バック側からフォア側へのフットワークだけではなく、フォア側からバック側のフットワークも練習することができる。また、繰り返し行っても大きなフットワークが入らず、常に小さいフットワークでの練習になる

パートナー　①③順回転
練習者　②④フォアフラット

パートナー　⑤⑦順回転
練習者　⑥⑧フォアフラット

Level UP!

打つコースによって台との距離を変える

打球距離の短いストレートに打つほうが、距離の長いクロスに打つよりも難易度が高いという話しはここまでにもしてきた。しかし、それは下図のように打つコースによって台との距離を変えることで、ある程度、どの場所からどのコースに打つのでも同じような距離感にすることができる。
例えば、バック側からクロスに打つ場合（下図の②）は、打球距離が長いので台に近い位置から打っても問題はない。しかし、そこからフォア側へと移動して、フォアハンドでストレートに打つ場合には、台と平行にフットワークをして台に近い位置から打ったのでは、打球の距離が短く、難易度が高くなってしまう（下図の×）。そこで、バック側からのフットワーク時に、台から少し離れるように斜めに移動することで、フォア側からのストレートでも打球距離を長くすることができる（下図の④）。台と自分の位置を、打つコースによって変えてみよう。

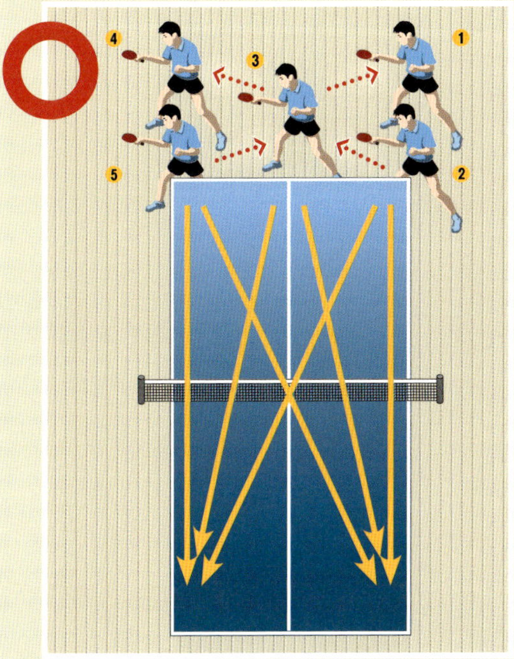

①バック側からストレートに打つ場合の位置
②バック側からクロスに打つ場合の位置
③ミドルからフォア側、
バック側に打つ場合の位置
④フォア側からストレートに打つ場合の位置
⑤フォア側からクロスに打つ場合の位置

台に近い位置で平行にフットワークを使っていたのでは、ストレート時に打球の距離が短くなり、ミスが増えてしまう

難易度	★★★★☆
回　数	13セット

習得できる技能
- ⇨フットワーク
- ⇨コンビネーション
- ⇨コースの打ち分け
- ⇨深いコースに打つ
- ⇨どこに来ても打つ

ねらい

バック側へのフットワークを身につける

Menu 083 バックの3点フットワーク

ストレートに打つときは台との距離を空ける
❷バックフラット

クロスに打つときは台との距離を詰める
❻バックフラット

▼やり方

パートナー　バックサイドから、すべて順回転でフォア側、ミドル、バック側、ミドルの順に球出しをする

練習者　パートナーから球出しされたコースに対して、2歩動で動きながら、すべてバックフラットでバック側に返球する

ポイント

フォア側で打つときに少し台との距離をとっておく

この練習の場合は、コースはすべてバック側に打つため、フォア側からはストレート、バック側からはクロスになる。そのため、最初のフォア側で打つときに少し台との距離を取っておき、バック側では台の近くから打つように斜めに移動すると、どの場所からでも同じリズムと距離感で打つことができる

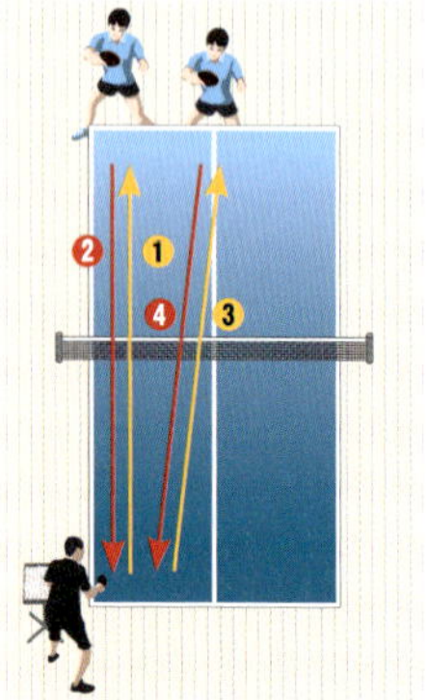

パートナー　①③順回転
練習者　❷❹バックフラット

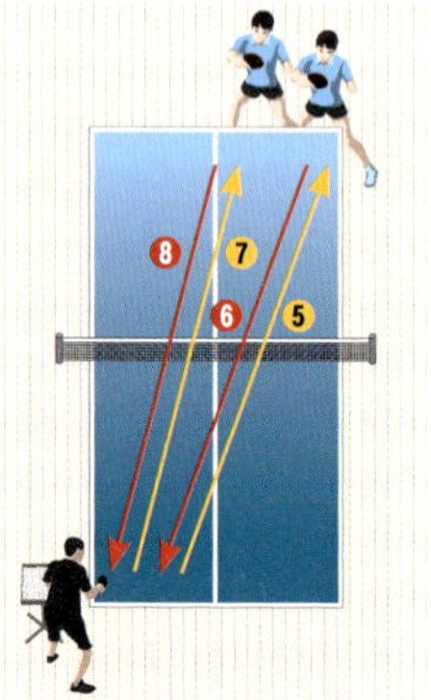

パートナー　⑤⑦順回転
練習者　❻❽バックフラット

ねらい
フォアのミート打ちを身につける

Menu 084 フォアミート打ち

難易度	★★★☆☆
回数	50セット

習得できる技能
- ⇨フットワーク
- ⇨コンビネーション
- ⇨コースの打ち分け
- ⇨逆のコースに打つ
- ⇨どこに来ても打つ

▼やり方

パートナー バックサイドから、順回転の球をバック側に続けて球出しをする

練習者 バックサイドに立ち、フォアハンドのミート打ちでクロスに打つ

ポイント

フォアハンドのミート打ちを同じ位置から同じコースに打って、しっかりと打ち方を身につけるための練習。P14で説明した打ち方のポイントを踏まえて行うこと

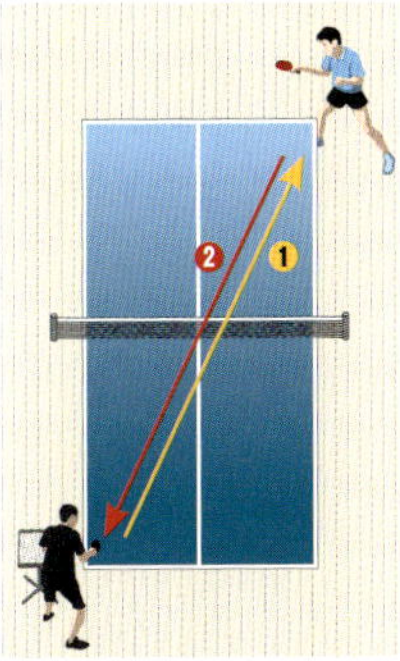

パートナー ①順回転
練習者 ②フォアハンドのミート打ち

上達のための土台づくり

ねらい
バックのミート打ちを身につける

Menu 085 バックミート打ち

難易度	★★★☆☆
回数	50セット

習得できる技能
- ⇨フットワーク
- ⇨コンビネーション
- ⇨コースの打ち分け
- ⇨逆のコースに打つ
- ⇨どこに来ても打つ

▼やり方

パートナー バックサイドから、順回転の球をバック側に続けて球出しをする

練習者 バックサイドに立ち、バックハンドのミート打ちでクロスに打つ

ポイント

Menu084と同様にバック側からクロスに打ち続ける。バックハンドのミート打ちのポイントを意識しながら、しっかりと打てるようになるまで練習する

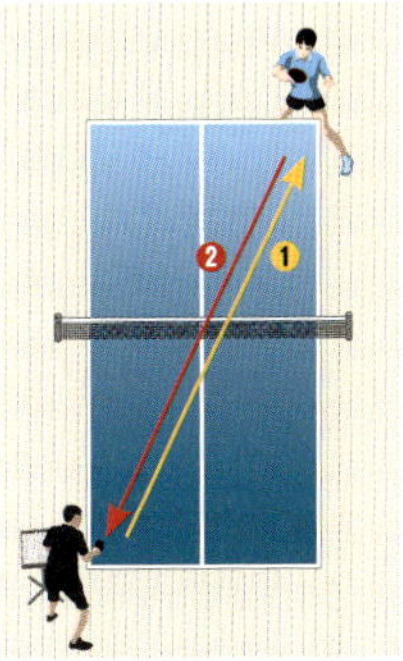

パートナー ①順回転
練習者 ②バックハンドのミート打ち

ねらい

フォアハンドドライブを身につける

Menu 086 フォアドライブ

難易度 ★★★☆☆

回数 50セット

習得できる技能

- ⇨ フットワーク
- ⇨ コンビネーション
- ⇨ コースの打ち分け
- ⇨ 逆のコースに打つ
- ⇨ どこに来ても打つ

▼やり方

パートナー バックサイドから、順回転の球をバック側に続けて球出しをする

練習者 バックサイドに立ち、フォアハンドドライブをクロスに打つ

ポイント

基礎技術の項目で紹介した、フォアハンドドライブの打ち方（P16）を参考にして、同じ場所から同じコースに打つことで、まずはしっかりとした基本を身につける

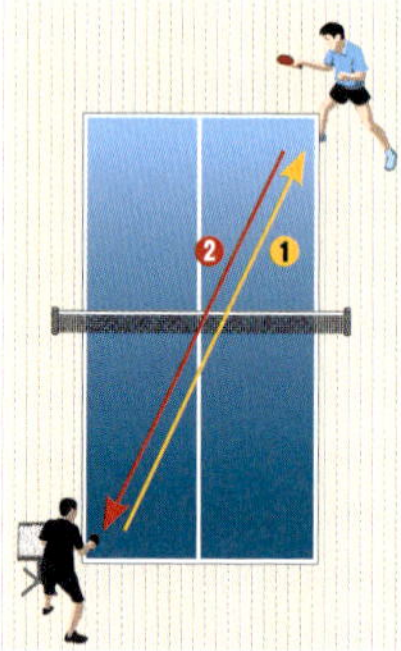

パートナー ①順回転

練習者 ②フォアドライブ

上達のための土台づくり

ねらい

バックハンドドライブを身につける

Menu 087 バックドライブ

難易度 ★★★☆☆

回数 50セット

習得できる技能

- ⇨ フットワーク
- ⇨ コンビネーション
- ⇨ コースの打ち分け
- ⇨ 逆のコースに打つ
- ⇨ どこに来ても打つ

▼やり方

パートナー バックサイドから、順回転の球をバック側に続けて球出しをする

練習者 バックサイドに立ち、バックハンドドライブをクロスに打つ

ポイント

フォアドライブがある程度打てるようになったら、バックハンドのドライブにもチャレンジする。フォアとバックは同じくらい打てるようになる必要があるため、しっかりと基礎を身につけること

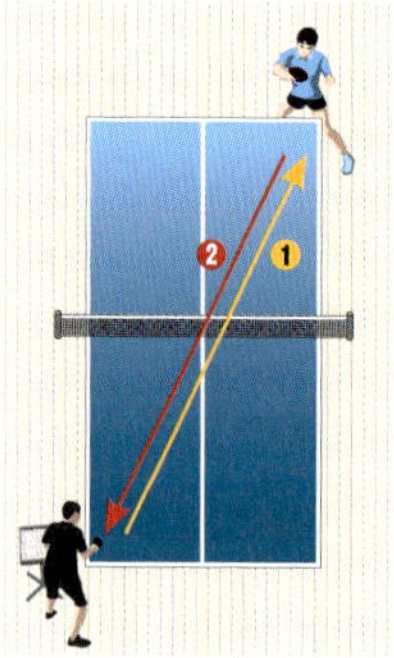

パートナー ①順回転

練習者 ②バックドライブ

上達のための土台づくり

ねらい
ツッツキからドライブを打つ

難易度 ★★★☆☆
回数 13セット

習得できる技能
⇨ フットワーク
⇨ コンビネーション
⇨ コースの打ち分け
⇨ 逆のコースに打つ
⇨ どこに来ても打つ

Menu 088 バックツッツキ→回り込みorバックドライブ

ツッツキを長く打って、相手にツッツキで返させるイメージを持つ

▼やり方

パートナー バックサイドから、下回転の球でバック側に短い球と長い球を交互に出す

練習者 1球目と3球目でバックツッツキをバック側に打つ。ツッツキを打ったあとの2球目と4球目は、2球目が回り込みドライブをクロスに、4球目がバックドライブをクロスに打つ

ポイント

ツッツキを打たせてドライブで攻める

ツッツキからドライブを打てるかどうかを試す練習なので、ツッツキをエンドラインギリギリを狙って長く打ち、**相手にツッツキで返球させるイメージ**を持つこと。そこから、ドライブで仕掛けるまでが基本パターンとなるので、試合を想定して行う

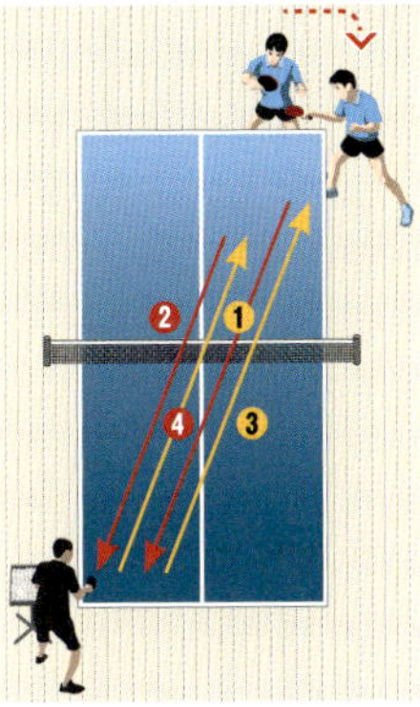

パートナー ❶下回転の短い球
❸下回転の長い球
練習者 ❷バックツッツキ
❹回り込みドライブ

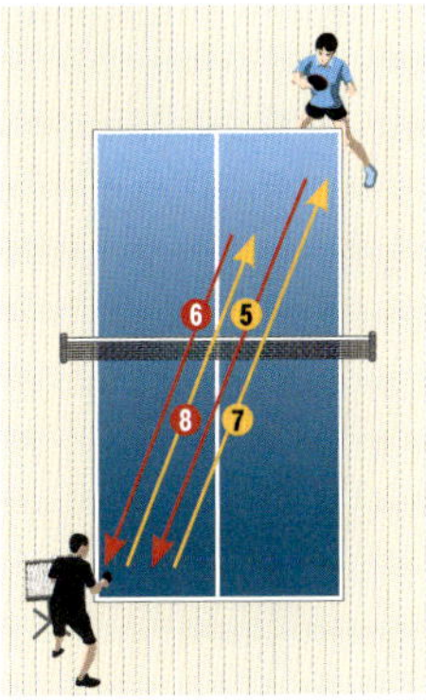

パートナー ❺下回転の短い球
❼下回転の長い球
練習者 ❻バックツッツキ
❽バックドライブ

上達のための土台づくり

ねらい

ツッツキを打ち分けられるようにする

難易度 ★★★☆☆
回　数 25セット

習得できる技能
⇨コースの打ち分け

Menu 089 バックツッツキ打ち分け

▼やり方

パートナー　バックサイドから、下回転の球をバック前に続けて球出しする
練習者　1球目をバックツッツキでクロスに、2球目をバックツッツキでストレートに返球する

ポイント

クロスからストレートの順がおすすめ

コースを変えてストレートに打つほうが難易度は高くなるので、1球目はクロスに打ってから、次をストレートに打つという順番で行うと良い。また、ストレートに打ったあとなら、クロスに打つのも簡単に感じられる

パートナー　①下回転
練習者　②バックツッツキ

パートナー　③下回転
練習者　④バックツッツキ

渡辺勝男の熱血アドバイス

1本打ちの練習はほとんどやらない

私が1本打ちの練習をほとんどやらないのは、1球1球に緊張感を持ってやらせるためです。1本打ちの練習を10回、20回と繰り返すと、どうしても後半に気持ちが入らなくなる。そこで、ツッツキの練習にしても、ドライブを1つ足して2本打つ練習を繰り返させることで、次は何を打つのか頭を切りかえるので、気を抜けない練習になるのです。また、このバックツッツキの打ち分けのように、難しいこと（ストレートに打つ）と簡単なこと（クロスに打つ）を組み合わせることで、簡単なほうの技術習得を早める効果を狙う工夫もしています。

コンパクトなスイングを心がけてインパクト
ラリー中のツッツキは右足を前に出さない

Level UP!

レシーブ時には足を出す

P81でも説明した通り、相手が短いサーブを出してきて、レシーブとしてツッツキを使う場合には、写真のように右足を前に踏み込んで、インパクト位置の下に置く感じのイメージを持つこと。ただし、バック対バックのような状況で踏み込んで打っていたのでは、コースを変えられたときに対応できないので、足は出さずにツッツキを打つ。

難易度 ★★★☆☆

回数 13セット

習得できる技能
- ⇨ フットワーク
- ⇨ **コンビネーション**
- ⇨ コースの打ち分け
- ⇨ 逆のコースに打つ
- ⇨ **どこに来ても打つ**

ねらい

ツッツキからドライブを打つ

Menu 090 フォアツッツキ→バックorフォアドライブ

▼ やり方

パートナー バックサイドから、下回転の球でフォア側に短いボールを出したあと、長い下回転の球をバック側に出す。そして、3球目で再び短いボールをミドルに出し、最後に長い下回転の球をフォア側に出す

練習者 1球目と3球目はフォアツッツキをバック側に打つ。ツッツキを打ったあとの2球目と4球目は、2球目がバックドライブをクロスに、4球目がフォアドライブをストレートに打つ

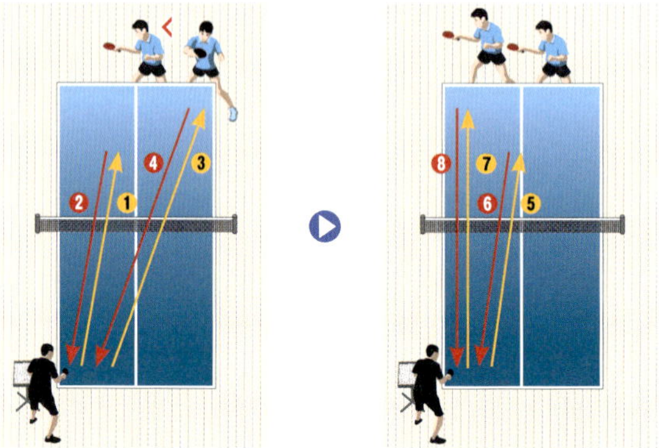

パートナー ❶下回転の短い球 ❸下回転の長い球
練習者 ❷フォアツッツキ ❹バックドライブ

パートナー ❺下回転の短い球 ❼下回転の長い球
練習者 ❻フォアツッツキ ❽フォアドライブ

ポイント

ツッツキを打ったら両ハンドで待つ

ツッツキから攻撃を仕掛ける初歩の展開を学ぶと同時に、ツッツキの技術向上を図る。まずは、ツッツキを長く打ってエンドラインを狙えるように。特に初級者は、ツッツキを打ったら自分がいるところとは反対のコースを狙われることが多いので、両ハンドで待ちながら、ドライブで攻撃できるようにする

難易度	★★★☆☆
回数	25セット

習得できる技能
- フットワーク
- コンビネーション
- **コースの打ち分け**
- 逆のコースに打つ
- どこに来ても打つ

ねらい

フォアツッツキを打ち分けられるようにする

Menu 091 フォアツッツキ打ち分け

❷フォアツッツキ
ミドルで練習してボールを切る感覚を覚える

▼やり方

パートナー バックサイドから、下回転の球をミドル前に続けて球出しする

練習者 1球目をフォアツッツキでストレートに、2球目をフォアツッツキでクロスに返球する

ポイント

ストレートからクロスの順がおすすめ

Menu089とは異なり、この練習の場合はボールが来た方向に返す**ストレートのほうが難易度は低い**。そのため、初心者にとってはストレートを先に打ってから、次にクロスに打つという順番でやるほうが、技術習得のうえでは効率がよくなる

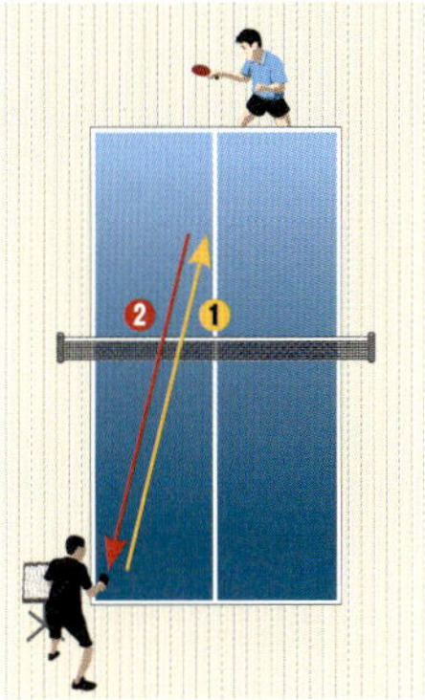

❷
❶

パートナー ❶下回転
練習者 ❷フォアツッツキ

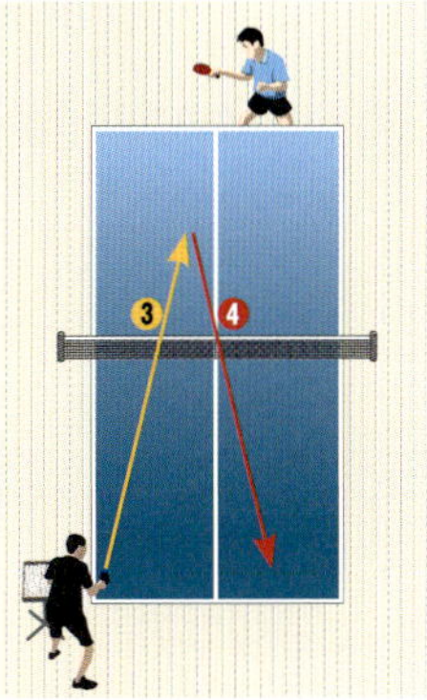

❸
❹

パートナー ❸下回転
練習者 ❹フォアツッツキ

ねらい

フリックの技術向上とその後の対応①

難易度	★★★☆☆
回数	25セット

習得できる技能
- ⇨フットワーク
- ⇨コンビネーション
- ⇨コースの打ち分け
- ⇨次のコースに打つ
- ⇨どこに来ても打つ

Menu 092 フォア前フリック＋フォア

▼やり方

パートナー　フォアサイドから、下回転の甘い球をフォア前に出し、続けて順回転の球をフォア側に出す

練習者　下回転の甘い球に対してフォア前でフリックをクロスに打ったあと、フォアフラットを再びクロスに打つ

ポイント

フリックを打ったら戻るクセをつけよう

フリックは決めるためのショットではなく、あくまでもチャンスで攻撃を仕掛けるためのもの。そのため、フリックの技術を高める練習ではあるが、続けてもう1球打たせることで、フリックを打ったあとに戻るクセを普段からつけておくことが大切になる

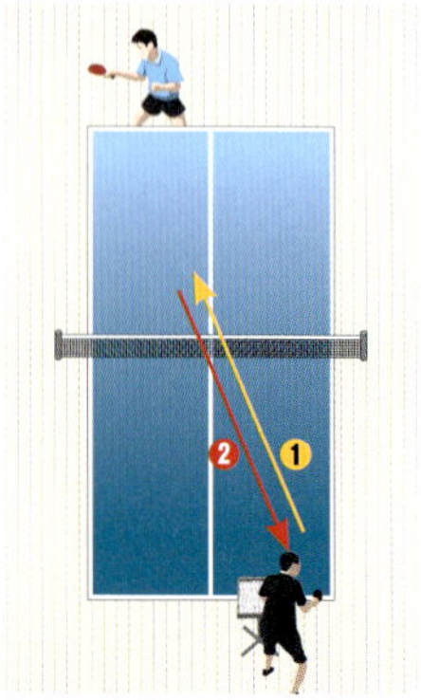

パートナー　①下回転の甘い球、
練習者　❷フォア前フリック

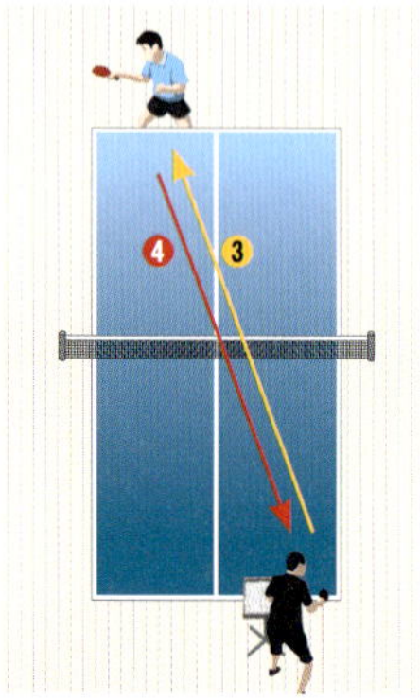

パートナー　③順回転
練習者　❹フォアフラット

ねらい

フリックの技術向上とその後の対応②

難易度	★★★☆☆
回数	25セット

習得できる技能
- ⇨フットワーク
- ⇨コンビネーション
- ⇨コースの打ち分け
- ⇨逆のコースに打つ
- ⇨どこに来ても打つ

Menu 093 バック前フリック＋バック

▼やり方

パートナー　バックサイドから、下回転の甘い球をバック前に出し、続けて順回転の球をバック側に出す

練習者　下回転の甘い球に対してバック前でフリックをクロスに打ったあと、バックフラットを再びクロスに打つ

ポイント

フリックのイメージを持ってフラットを打ってみよう

フリックのボールを呼び込んで打つ動作は、フラットにも共通するところがあり、フリックとフラットを続けて練習することは、戻り動作を意識づけるためだけではなく、フラットの技術を高める効果もある。フリックのイメージを持ってフラットも打ってみると良い

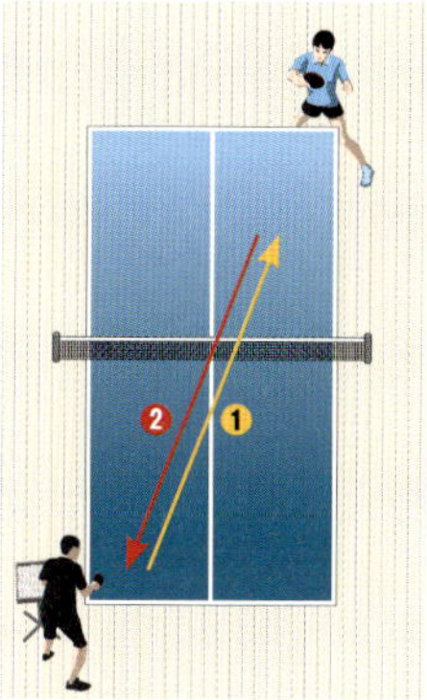

パートナー　①下回転の甘い球
練習者　②バック前フリック

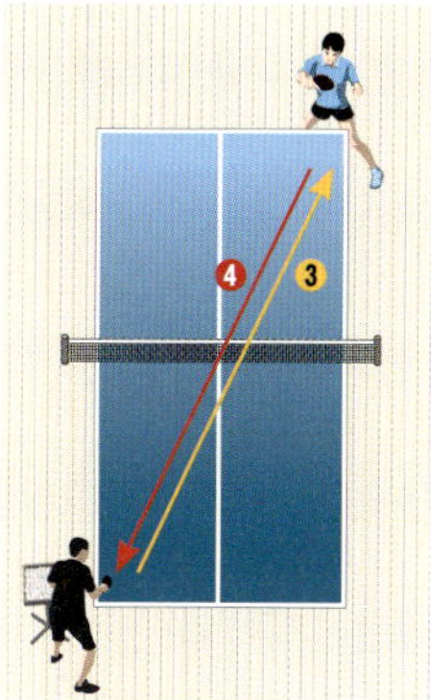

パートナー　③順回転
練習者　④バックフラット

中級者コース
実力がついてきたら

中級者コースの内容と目的

初級者コースから卓球をはじめた子どもたちも、3カ月程度、時間をたっぷりとかけて初級者コースを3周ほどさせると、見違えたように卓球選手らしくなります。丸善クラブでは、そのあと、「仕掛けコース（=P155参照）」「チャレンジコース（=P156参照）」「KK&KW式コース（=P158参照）」へとステップアップして、これらのコースを約6カ月程度の時間をかけて指導していくのですが、この辺りのメニューができるようになると、クラブの中でも中堅選手くらいの実力がついてきます。

そして、選手にある程度の実力がついてきたと判断したら、次に行うのがこの中級者コースです。このコースは、目的を明確にした技術と技能をまとめた練習メニューで、難易度も高いため、子どもたちも本気で取り組まなければできません。

また、この中級者コースをやり遂げることにより、選手自身が自信をつけて、より積極的に練習へと取り組むようになります。私にとっては、この頃からが「子どもたち」ではなく「選手」へと彼らの呼び名が変わっていく時期だと言えるでしょう。

多球練習メニューの組み方

中級者コース

①Menu032 フットワーク小 ………… P64
②Menu033 バック・フォア小 ………… P66
③Menu034 切り返しミドル ………… P68
④Menu041 バック前フリックからの仕掛け① ………… P77
⑤Menu043 フォア前フリックからの仕掛け① ………… P79
⑥Menu042 バック前フリックからの仕掛け② ………… P78
⑦Menu088 バックツッツキ→回り込みorバックドライブ ………… P139
⑧Menu090 フォアツッツキ→バック orフォアドライブ ………… P142
⑨Menu094 回り込みツッツキ→ドライブ ………… P148
⑩Menu011 攻撃へつなげる展開を身につける ………… P34
⑪Menu012 攻撃へつなげる展開を身につける ………… P36
⑫Menu013 攻撃へつなげる展開を身につける ………… P37
⑬Menu049 バックブロックからバックプッシュ ………… P88
⑭Menu050 バックブロックからフォアフラットの打ち分け ………… P89
⑮Menu051 シュラガーの攻撃パターン ………… P90
⑯Menu079 切り返し回り込みフラット3 点打ち分け ………… P126
⑰Menu080 切り返しバックフラット3点打ち分け ………… P128
⑱Menu081 切り返しフォアフラット3点打ち分け ………… P129
⑲Menu068 回り込みドライブからフォアフラット ………… P111
⑳Menu069 フォアドライブからフォアフラット ………… P112
㉑Menu070 バック側でストレートからクロス ………… P114
㉒Menu095 F・B・F・F ………… P149
㉓Menu096 B・B・B・F ………… P150
㉔Menu097 B・B・F・F ………… P151

＊この中級者コースのメニューのうち、他の章で掲載していない Menu094-097を P148から紹介します

上達のための土台づくり

ねらい

読みが外れても攻撃へつなげる

難易度	★★★☆☆
回数	13セット

習得できる技能
- ⇨ フットワーク
- ⇨ コンビネーション
- ⇨ コースの打ち分け
- ⇨ 逆のコースに打つ
- ⇨ どこに来ても打つ

Menu 094 回り込みツッツキ→ドライブ

予想外に短い球が
来ても回り込み
ツッツキで対応

❷回り込みツッツキ

フォアドライブで
攻撃を仕掛ける

❹フォアドライブ

▼ やり方

パートナー　バックサイドから、すべて下回転で1球目をバック側に出したあと、2球目をフォア側に出す。そして、3球目と4球目は2球続けてバック側に球出しする

練習者　1球目を回り込みツッツキでクロスに返球したあと、フォア側に大きくフットワークをしてフォアドライブを打つ。再び3球目で回り込みからツッツキを打ったら、バック側に戻ってバックドライブを打つ

ポイント

相手にもツッツキで返球させよう

回り込みからドライブを打とうと思ったものの、相手が短いサーブを打ってきた場面。すばやくツッツキに切りかえて、そこからドライブで攻撃につなげる。そのためにも、ツッツキを長く打って、相手にツッツキで返球させるイメージをもって取り組もう

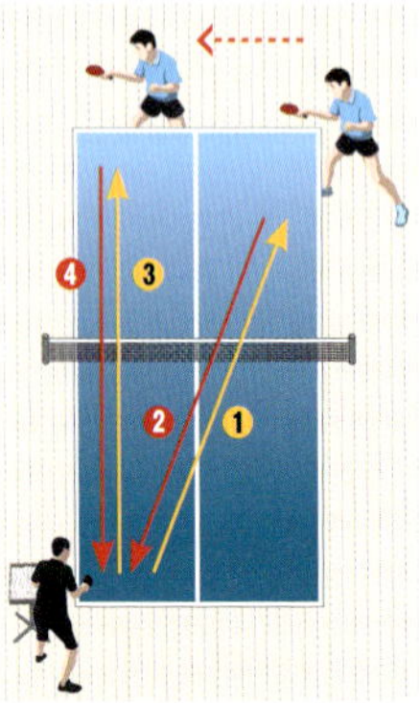

4
3
2
1

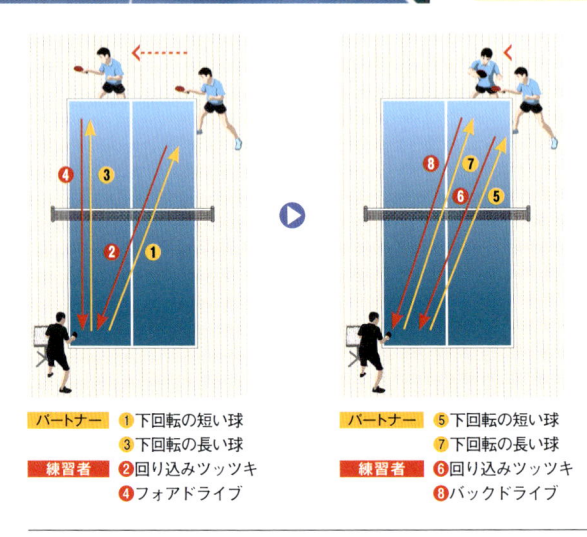

パートナー　①下回転の短い球
③下回転の長い球
練習者　❷回り込みツッツキ
❹フォアドライブ

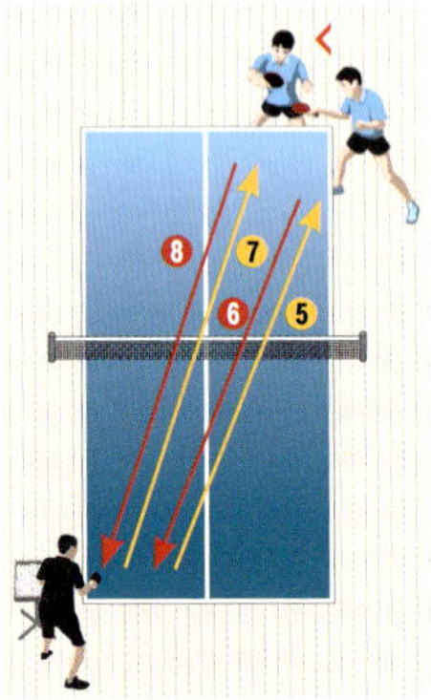

8
7
6
5

パートナー　⑤下回転の短い球
⑦下回転の長い球
練習者　❻回り込みツッツキ
❽バックドライブ

ねらい

フォアとバックのコンビネーション①

Menu **095** F･B･F･F

難易度	★★★☆☆
回　数	13セット

習得できる技能
- ⇨フットワーク
- ⇨コンビネーション
- ⇨コースの打ち分け
- ⇨逆のコースに打つ
- ⇨どこに来ても打つ

❷フォアフラット
フォアとバックは大きく振り切らず、顔の前で切り返すイメージ

▼ やり方

パートナー　バックサイドから、すべて順回転でミドル、バック側、ミドル、フォア側の順に球出しをする

練習者　出された球に対して、フォアフラット、バックフラット、フォアフラット、フォアフラットの順番で打つ。これを繰り返す

ポイント

バランスを崩さずにコンビネーションで打ち続ける

小さいフットワークを繰り返しながら、フォアハンドからバックハンド、バックハンドからフォアハンドへと切り返していく練習。小さいフットワークで動きながらでも、バランスを崩さずにフォアとバックのコンビネーションで打ち続けること

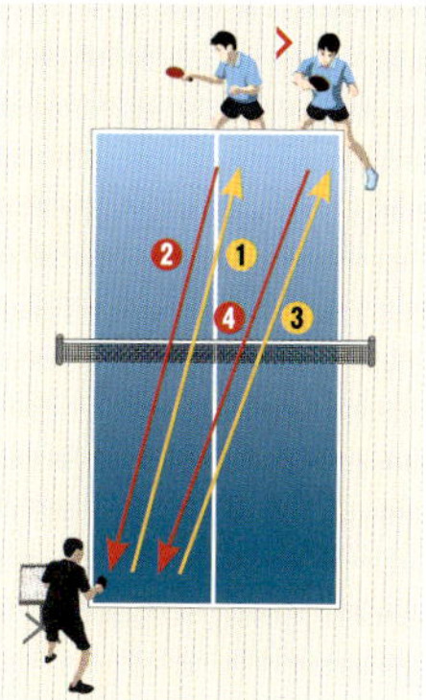

パートナー　①③順回転
練習者　❷フォアフラット
❹バックフラット

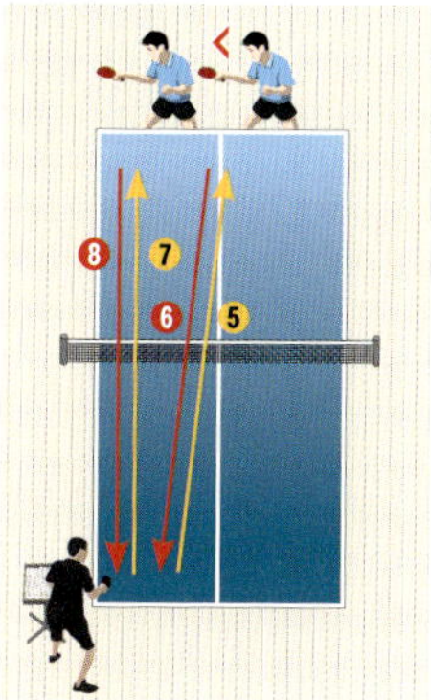

パートナー　⑤⑦順回転
練習者　❻❽フォアフラット

上達のための土台づくり

ねらい

フォアとバックのコンビネーション②

Menu 096 B·B·B·F

難易度 ★★★★☆

回数 13セット

習得できる技能
- ⇨フットワーク
- ⇨コンビネーション
- ⇨コースの打ち分け
- ⇨逆のコースに打つ
- ⇨どこに来ても打つ

❷バックフラット
バックからフォアへの切りかえ時も大きく振り切らない

▼やり方

パートナー　バックサイドから、すべて順回転でミドル、バック側、ミドル、フォア側の順に球出しをする

練習者　出された球に対して、バックフラットで3球続けて打ったあと、4球目のフォア側に来た球をフォアフラットでストレートに打つ

ポイント

バックを続けて打ったあとにうまくフォアに切りかえよう

Menu095とパートナーから出されるコースは同じだが、異なる打ち方をするパターンの二つ目。バックハンドが主体となって続けて3球打ったあとに、フォアに切りかえて打つコンビネーションが重要。試合を想定していろいろなパターンを練習しておく必要がある

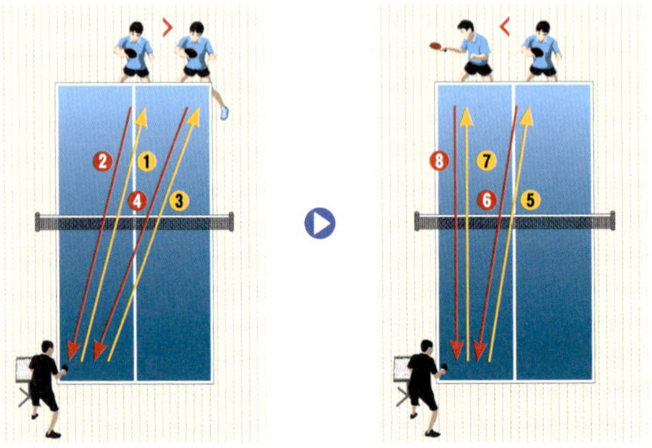

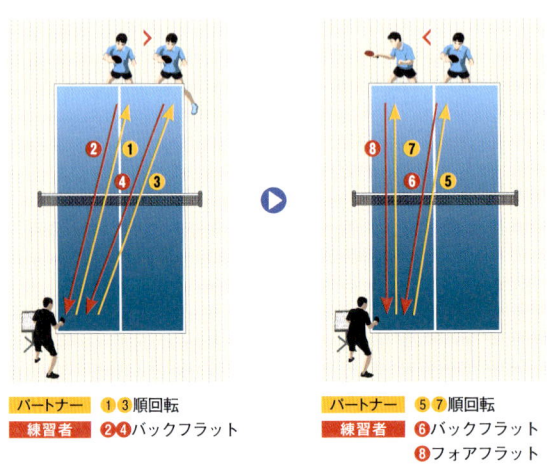

パートナー　①③順回転
練習者　❷❹バックフラット

パートナー　⑤⑦順回転
練習者　❻バックフラット
❽フォアフラット

上達のための土台づくり

ねらい

フォアとバックのコンビネーション③

Menu 097 B·B·F·F

難易度 ★★★★☆

回数 13セット

習得できる技能
- ⇨フットワーク
- ⇨コンビネーション
- ⇨コースの打ち分け
- ⇨逆のコースに打つ
- ⇨どこに来ても打つ

▼やり方

パートナー バックサイドから、すべて順回転でミドル、バック側、ミドル、フォア側の順に球出しをする

練習者 出された球に対して、バックフラットで2球続けて打ったあとは、フォアフラットに切りかえて2球続けて打つ

ポイント

いろいろなパターンを行うことで選手の集中力を高める

フォアとバックのコンビネーションを鍛える練習の3つ目のパターン。一つのメニューばかりやるとクセになってしまうし、子どもたちの場合は、飽きて練習に興味を失ってしまうこともある。いろいろなパターンをやることで、子どもたちの集中力も増す

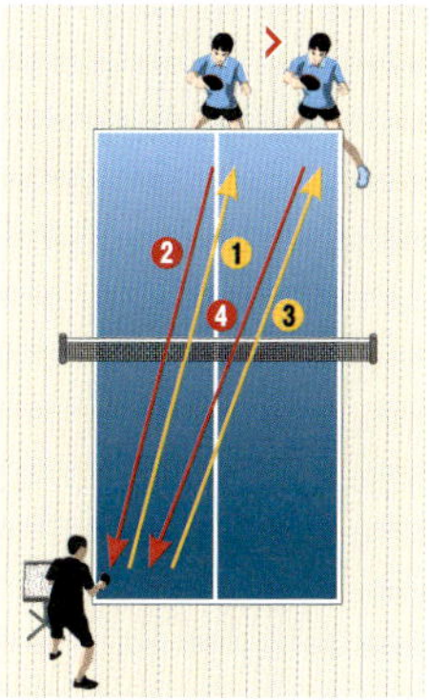

パートナー ①③順回転
練習者 ②④バックフラット

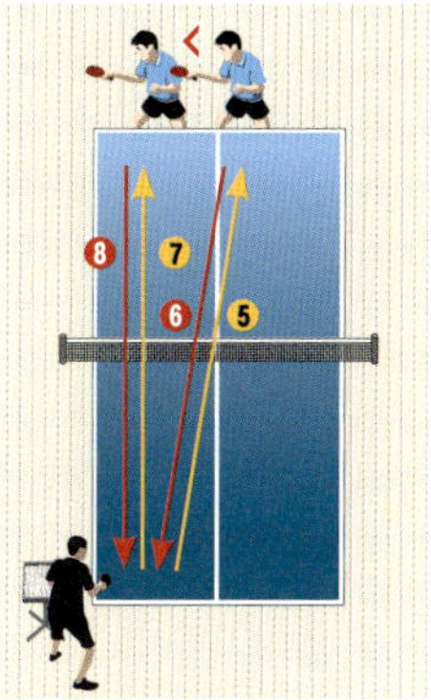

パートナー ⑤⑦順回転
練習者 ⑥⑧フォアフラット

コラム 4

戦わなければ得られるものはない

子どもたちの試合を観ていて、私が怒る場面があります。それは、子どもが試合を投げ出してしまったとき。よく、勝負事はあきらめたらダメだと言いますが、あきらめの早い子は、自分の思う通りに進まないと嫌になってしまうのです。私はそうして試合を投げ出すのを絶対に許しません。

試合を投げ出すとは、具体的にどういうことか。例えば、攻める気がまったくなく、ツッツキばかりを打って相手のミスをひたすら待つような状況です。そうなれば、相手は好きなように攻められるのですから、ミスをするどころか気持ちが乗ってどんどんと得点を重ねていきます。

そういう子に対して、私は「勇気を持って打て」と言います。しかし、言ったからといってそう簡単に直るものでもありません。2度、3度と同じアドバイスを根気よく続けてようやくできるようになる子もいる。実際、一度は弱気になったものの、試合中に自分で「これではダメだ」と気づいて攻撃するようになり、逆転勝ちした例もあります。

相手が強いからといって最初から逃げ出してしまう子、どうでもいいやという気持ちになって遊び感覚で試合をしてしまう子など、投げ出すタイプもさまざまです。しかし、そうしてあきらめた試合に成長はありません。たとえ負けたとしても、戦えば何かしら得るものはあるのですから、あきらめずに最後まで戦ってほしいと思います。

第６章

指導者に向けて

ここまで紹介してきたメニューを、どう組み合わせれば効果的か。
また、選手のレベルに応じたメニューはどれかなど、
指導者の方をはじめ、メニュー作成の参考にしてみてください。

多球練習メニューの組み方

選手のレベルにあった9つのコース

ここまでに、「攻撃を仕掛ける」「技術と技能を身につける」「攻撃後の対応と打ち分け」「上達のための土台づくり」と4つの項目に分けて多球練習のメニューを紹介してきました。しかし、丸善クラブの練習パターンはこれだけではありません。これらのメニューをもとに、さまざまな形で組み合わせて9つのコースを用意し、選手それぞれに合った練習をさせています。

例えば、丸善クラブに入ってきた子どもは、最初に初級者コースを3カ月かけて3周させます（初級者コースの①〜㉖を1回ずつやって1周 =P133参照）。そして、私がある程度の技術や技能が身についてきたと判断したら、「攻撃を仕掛ける（= 仕掛けコース)」に移り、それを3周したら次は「技術と技能を身につける（＝チャレンジコース)」に移るといった具合です。選手のレベルに合わせて、しっかりと技術や技能を身につけながら、次のステップへと進んでいくのです。

また、指導者として多球練習に取り組むうえで私が大切にしているのは、常に自ら球出しをして、選手を見てあげることです。多球練習の球出しを指導者自身がやることで、選手がどの程度上達しているのか、またはどこに問題があるのかなどをチェックしながら行うからこそ、指導者も選手に対してアドバイスをしてあげることができます。

このメニューの中には、私が長年指導してきた中で、選手を飽きさせず、練習に集中させる工夫が入っています。ぜひ、みなさんも各コースに挑戦してみてください。

＊初級者コースと中級者コースは P132と P146にて掲載

仕掛けコース
（攻撃を仕掛ける=P34-61）

渡辺勝男の熱血アドバイス

攻撃を仕掛けていくパターンを身につけよう

卓球の試合では、サーブと3球目、そしてレシーブで先手を取るというのが、すごく重要になってきます。そこで、攻撃を仕掛けていくパターンを身につけるのがこの仕掛けコースです。21個のパターンを何度も繰り返すことによって、仕掛ける→つなげる→決めるという攻撃のリズムが身について、試合でもラリー戦ができるようになります。また、中陣や後陣からフォアのロングドライブなど、力強い動きとパワフルなスイングもできるようになるため、選手にとっても卓球がさらにおもしろくなり、練習にも熱が入るようになるでしょう。

チャレンジコース
（技術と技能を身につける=P64-117）

渡辺勝男の熱血アドバイス

チャレンジ精神で壁を乗り越えよう

このチャレンジコースは、試合で必要な技術と5つの技能（P10-P30参照）が組み込まれた練習です。メニューには単純なものから複雑なものまであり、挑み始めたばかりの選手にとっては、体力的にも精神的にもキツいメニューになるかもしれません。しかし、挑み続ければ必ず丸善クラブの基本である「どんな技でもできる」「どの位置からでも打てる」「どのコースへも打てる」ということが身につきます。選手にとっては壁ともなり得るこのメニュー。その壁を頑張って乗り越えろ、という意味でチャレンジコースと名づけています。

KK&KWコース
(攻撃後の対応と打ち分け＝P120-129)

多球練習メニューの組み方

① Menu074
回り込み
ドライブからの戻り ……… P120

② Menu075
バック前
フリックからの戻り ……… P121

③ Menu076
フォア前
フリックからの戻り ……… P122

④ Menu077
ツッツキからの戻り ……… P123

⑤ Menu078
回り込みドライブから
飛びつき ……… P124

⑥ Menu079
切り返し回り込み
フラット3点打ち分け ……… P126

⑦ Menu080
切り返しバック
フラット3点打ち分け ……… P128

⑧ Menu081
切り返しフォア
フラット3点打ち分け ……… P129

渡辺勝男の熱血アドバイス

近藤＆渡辺イズムを体感しよう

このコースでは主に3つの目的があります。①回り込みドライブ後のフォローができるようになる。②レシーブ時のフォア前＆バック前フリックとフォア前＆バック前ツッツキの後のボールを攻撃できるようにする。③相手の打球をフォアサイドとバックサイドのどちらからでもフラットでフォア側、ミドル、バック側の3点に打ち分けられるようにする。また、コース名のK・Wは私のイニシャル、K・Kはメニューをつくるにあたって指導法を参考にさせて頂いた近藤欽司氏（元女子ナショナルチーム監督）のイニシャルからつけました。

チャレンジ21コース

①Menu032~034 …… P64~68
②Menu035~037 …… P70~72
③Menu038~040 …… P73~76
④Menu041・042 …… P77・78
⑤Menu043・044 …… P79・80
⑥Menu045・046 …… P82・83
⑦Menu047・048 …… P84・86
⑧Menu011~013 …… P34~37
⑨Menu014・017・020・023・026・029
仕掛けパターンA
…… P38・42・46・50・54・58

Menu015・018・021・024・027・030
仕掛けパターンB
…… P40・44・48・52・56・60

Menu016・019・022・025・028・031
仕掛けパターンC
…… P41・45・49・53・57・61

⑩Menu049~051 …… P88~90
⑪Menu052・053 …… P92・94
⑫Menu054・055 …… P95・96
⑬Menu056・057 …… P97・98
⑭Menu058・059 …… P99・100
⑮Menu060・061 …… P102・103
⑯Menu062・063 …… P104・105
⑰Menu064・065 …… P106・108
⑱Menu066・067 …… P109・110
⑲Menu068・069 …… P111・112
⑳Menu070・071 …… P114・115
㉑Menu072・073 …… P116・117

渡辺勝男の熱血アドバイス

複数メニューで対応力をつける

コース全体を考えた場合、チャレンジコースはとても大切なコースである半面、メニュー数が多く、終わるまでに時間がかかりすぎてしまうのが課題でした。そこで、1つの練習の中で複数のメニューを同時に行うことにより、練習の回転を早くしようと思ってつくったのが、このチャレンジ21コースです。チャレンジコースのメニューを短い時間で数多くこなせるほか、いろいろなボールを打つために展開も速くなるので、対応力もついていきます。そうすると、試合でも落ちついてボールを打てるようになるというメリットもあるんですよ。

チャレンジ&仕掛けコース

①チャレンジコースの
①～⑥より選手が任意で選択

②仕掛けコースの
①～③より選手が任意で選択

③チャレンジコースの
⑦～⑬より選手が任意で選択

④仕掛けコースの
④～⑥より選手が任意で選択

⑤チャレンジコースの
⑭～㉑より選手が任意で選択

⑥仕掛けコースの
⑦～⑨より選手が任意で選択

⑦チャレンジコースの
㉒～㉘より選手が任意で選択

⑧仕掛けコースの
⑩～⑫より選手が任意で選択

⑨チャレンジコースの
㉙～㉞より選手が任意で選択

⑩仕掛けコースの
⑬～⑮より選手が任意で選択

⑪チャレンジコースの
㉟～㊵より選手が任意で選択

⑫仕掛けコースの
⑯～⑱より選手が任意で選択

⑬チャレンジコースの
㊶～㊻より選手が任意で選択

⑭仕掛けコースの
⑲～㉑より選手が任意で選択

＊チャレンジコース、仕掛けコースそれぞれについては、P155～157を参照

渡辺勝男の熱血アドバイス

選手のモチベーションアップにおすすめ

チャレンジコースと仕掛けコースを交互に訓練することを目的としたのが、このチャレンジ＆仕掛けコースです。選手は自分が取り組みたいメニューをチャレンジコースと仕掛けコースの中から、1つずつ選択して練習していきます。練習にリズムとバリエーションをつけることで、選手のモチベーションを高め、さらには集中力を養うこともこのコースの目的です。

上級者コース

①Menu095 F・B・F・F …… P149
②Menu035 切り返しフォア・フォア …… P70
③Menu045・046 ドライブで先手を取る …… P82・83
④Menu075 バック前フリックからの戻り …… P121
⑤Menu079 切り返し回り込み フラット3点打ち分け …… P126
⑥Menu055 ブロックから下がってドライブ戦② …… P96
⑦Menu068 回り込みドライブからフォアフラット …… P111
⑧Menu043 フォア前フリックからの仕掛け① …… P79
⑨Menu056 ツッツキから攻撃へ移る① …… P97
⑩Menu096 B・B・B・F …… P150
⑪Menu040 切り返しバック・フォア …… P76
⑫Menu045・048 …… P82・86
⑬Menu074 回り込みドライブからの戻り …… P120
⑭Menu080 切り返しバックフラット3点打ち分け …… P128
⑮Menu051 シュラガーの攻撃パターン …… P90
⑯Menu070 バック側でストレートからクロス …… P114
⑰Menu041 バック前フリックからの仕掛け① …… P77
⑱Menu060 ツッツキから攻撃へ移る⑤ …… P102
⑲Menu097 B・B・F・F …… P151
⑳Menu036 B・F・B・回り込みフォア …… P71
㉑Menu045・047 …… P82・84
㉒Menu077 ツッツキからの戻り …… P123
㉓Menu081 切り返しフォアフラット3点打ち分け …… P129
㉔Menu054 ブロックから下がってドライブ戦① …… P95
㉕Menu073 フォア側でストレートからクロス …… P117
㉖Menu042 バック前フリックからの仕掛け② …… P78
㉗Menu059 ツッツキから攻撃へ移る④ …… P100

渡辺勝男の熱血アドバイス

全国大会を目指すコース!

上級者コースは、仕掛け・チャレンジ・中級者・KK&KW式コースの中から、技術と技能レベルの高い練習メニューを選んで、バランスのよい流れをつくったコースです。このコースにおいて習得すべきなのは、①体の軸をブラさず、しっかりとボールをとらえて打てるようにする、②大きな動きから狙ったコースに打てるようにする、③安定感のある打球を連続して打てるようにする、の3つです。粘り強く練習していくことで実力をアップさせ、丸善クラブでは関東大会、または全国大会に出場するために、このコースを作成しました。

多球練習メニューの組み方

スピード上達コース

① Fハンドフラット
フットワーク小　3点フットワーク

② Bハンドフラット
フットワーク小　3点フットワーク

③ Menu095・096
F・B・F・F、B・B・B・F
…… P149・150

④ Menu045・046
ドライブで先手を取る …… P82・83

⑤ Menu048・047
ツッツキからの仕掛け …… P86・84

⑥ Menu079・081 …… P126・129

⑦ Menu068・069 …… P111・112

⑧ Menu070・071 …… P114・115

⑨ Menu072・073 …… P116・117

⑩ Menu075
バック前フリックからの
戻り …… P121

⑪ Menu041・042 …… P77・78

⑫ Menu043・044 …… P79・80

⑬ Menu050・051 …… P89・90

⑭ Menu054・055 …… P95・96

⑮ Menu077
ツッツキからの戻り …… P123

⑯ Menu057・059
ツッツキから
攻撃へ移る …… P98・100

⑰ Menu056・058
ツッツキから攻撃へ移る
…… P97・99

⑱ Menu060・061 …… P102・103

⑲ Menu078
回り込みドライブから
飛びつき …… P124

⑳ Menu017・023・029
…… P42・50・58

㉑ Menu015・021・027
…… P40・48・56

㉒ Menu022・025・031
…… P49・53・61

㉓ Menu011~013
…… P34~37

渡辺勝男の熱血アドバイス

トップ選手への秘策

このコースで目指す3つのポイントは、①狙ったコースにしっかりと打てるようにする、②ラケットの芯でボールをとらえられるようにする、③完璧なタイミングでボールを打てるようにする、の3つになります。この3点をどんなに難しく、どんなに複雑なパターンの練習でも行うことができたら、もっと強くなれるのではないかと考えました。丸善クラブの中でもトップ選手になるための秘策として作成したコースでもあります。

球出しの正しいやり方

多球練習をより効率的な練習にするためには、球出しをする人にもある程度の技術力が要求される。そこで、ここでは著者が長年の多球練習から培った「渡辺流」の球出し方法を紹介していく。

1．基本の立ち位置

ボールの入ったカゴを自分の正面において、常にボールを取りやすい状況を保つことが大切。多球練習の良さは、1球1球取りに行かなくても続けて練習ができることなので、間を空けずに球出しすることは非常に大切。また、球出しをする人は、ヒザを曲げて腰を落とし、打ちやすい姿勢をつくること。

自分の正面にカゴを置き、腰を落として打ちやすい姿勢を取る

カゴのボールは、自分の方向(写真では奥側）に寄せておくことで、ボールが取りやすくなる

2．ボールを取る

ボールをカゴから取るときは、1度に3～4個程度をつかみ、球出しをするうちに手に残ったボールが残り1つになったら、再度カゴからボールを取る。手にボールが1つ残っている状態で新しいボールを取ることで、もし取り損ねても残った1つのボールで球出しをすれば、練習者のリズムを崩すことがなくなる。取り損ねたら残り1個を出したあとに、もう一度、ボールを取ればOK。

3. ボールを打つ

球出しの場合、ボールは打つ直前まで持っているイメージ。インパクトの直前にボールを手から離す感覚で行うと、練習者が打ちやすい低く深い球が、安定して出せるようになる。NGとしては、野球のノックのように、ボールを上に投げ上げてから打ったり、台でバウンドさせてから打ったりすること。打球が浮いてしまうなど、球出しの質が安定せずに、多球練習自体がスムーズに進行しなくなってしまうので注意。

○ 直前までボールを持つ

打つ直前までボールを持ち、インパクトの直前にボールを手から離す

× ボールを投げて打つ

ボールを上に投げ上げてから打つと、打球が安定しないのでNG

4. コース

多球練習では、球出しをする人ももちろんコースに打ち分ける必要がでてくる。しかし、そこで1回1回構えを変えていたのでは、リズム良く球出しをすることはできない。そこで、あらかじめクロス方向に体を向けるようにスタンスを取っておき、ミドル、ストレートに打つにつれて体を正面に向け、インパクトの位置も少しずつ前よりにする。逆に、ストレート方向、続いてクロス方向に打つ場合は、正面に向いていた体をクロス方向に向けるイメージを持つ。体の開き方とインパクトの位置でコースを打ち分ける。

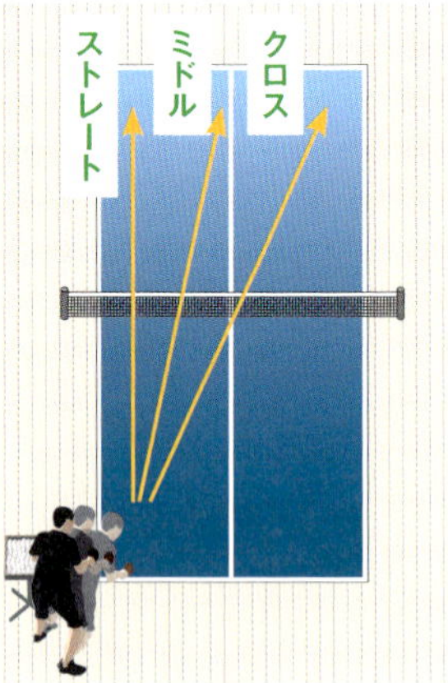
ストレート
ミドル
クロス

ストレートに打つ場合は、体をストレート方向に向ける
ストレート

ミドルに打つ場合は少し体を正面に向ける
ミドル

最初からクロスに打てるスタンスを取っておく
クロス

渡辺勝男の熱血アドバイス

正確に球出しするよりも選手のリズムを大切に

球出しをする側は、単に多球練習の順番通りのコースに球を出せばよいというものではありません。一番大切なのは、相手を見て、試合の流れを想定して出してあげること。また、相手によっては、打ちやすい球やコースを狙って出すこともあります。例えば、あまりフットワークで動けない選手に対して、バック側の次がフォア側だったとしても、バック側の次を少しミドル寄りにして球出しをしてあげる。もちろん、最終的にはしっかりとフォア側まで動くことが理想ですが、「動かない」ではなく「動けない」選手に対して無理なコースに出しても練習にはなりません。選手のリズムを大切にして打たせること。これが多球練習では大切だと思います。

5. 上回転の球を出す

多球練習では、特に下回転やドライブの球が必要な場合を除いて、上回転（順回転）で球出しすることが一般的。あまり強い上回転を出すと、練習者にとって意味合いが違ってしまうので、3で紹介したボールの打ち方を基本にして、インパクト時にボールの上をとらえる意識で順回転をかけていこう。メニューによっては、強い上回転をかけたドライブで球出しをすることもあるので、状況によって使い分けて。通常の球出しでも練習が行えないことはないが、試合を想定すれば上回転をかけたほうが良い。

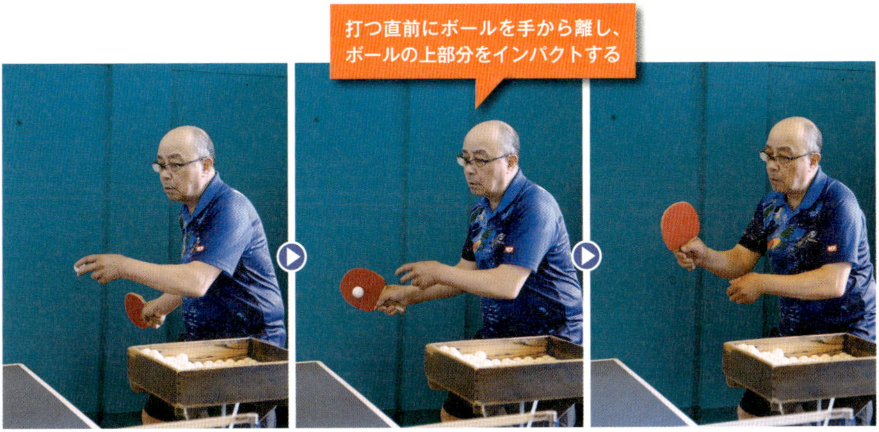
打つ直前にボールを手から離し、
ボールの上部分をインパクトする

6. 下回転の球を出す

上回転と同様に、練習者が打つショット（ツッツキやドライブなど）によっては、下回転で球出しする場合もある。ただし、下回転の球を出すといっても、回転量の多いキレた下回転の球を出すのはNG。ボールの下側をインパクトするくらいの意識で下回転をかけ、ゆっくりとした球を低く長く出してあげたほうが、練習者にとっては打ちやすい球になる。

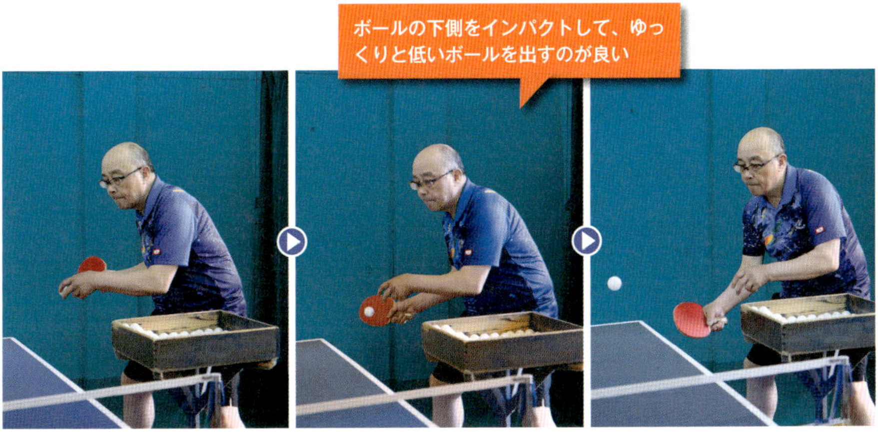
ボールの下側をインパクトして、ゆっ
くりと低いボールを出すのが良い

7. サーブ

練習内容にフリックなどが入っている場合は、サーブで球出しをすることもある。その場合、あまり下を強く切りすぎてしまうと、特に初級者レベルでは練習にならなくなってしまうので、あくまでも甘い球を想定する。

また、サーブで球出しをする場合は、インパクトまでボールは持たず、軽くトスを上げてから出そう。練習者のフォア前やバック前にボールを置いてあげるような感覚で OK。

軽くトスを上げ、緩い下回転でボールを置いてあげるイメージ
バック側

通常のサーブと同じように軽くトスを上げる

強く下を切らずに、緩く下回転をかける

フォア前やバック前にボールを置いてあげるイメージ

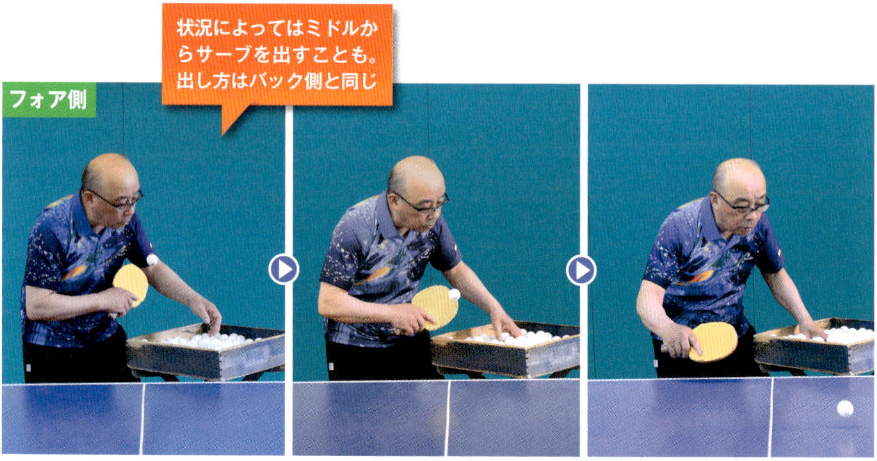

状況によってはミドルからサーブを出すことも。出し方はバック側と同じ
フォア側

バック側と同じく軽くトスを上げる

下をインパクトして緩く下回転をかける

練習者が打ちやすいように置いてあげるイメージで

8．スピン

練習者にブロックやロングドライブなどを打たせる場合は、5で紹介した上回転よりも強い回転をかけた球を出すこともある。その場合、ヒザの屈伸を使って力をタメて、下から上へとラケットを振ってボールの上部を引っかけるように打っていこう。上回転と同様に、ボールはインパクトの直前に手から離すイメージで OK。ブロックなどを練習させる場合には、通常の上回転と使い分けよう。

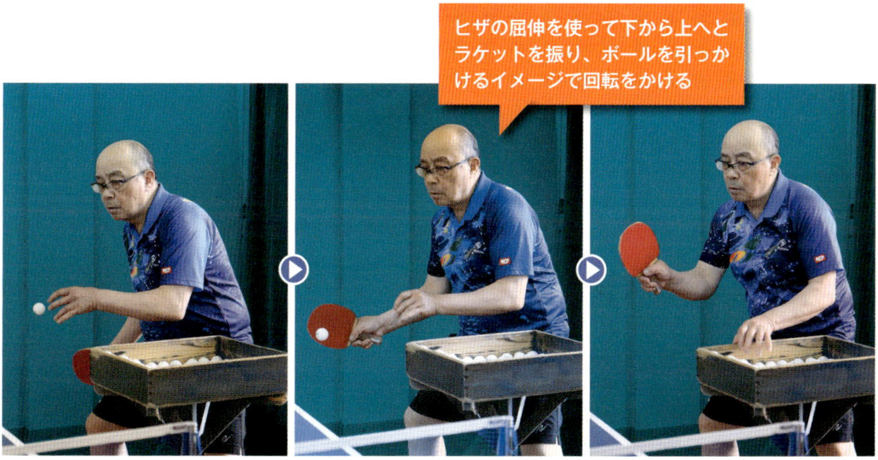
ヒザの屈伸を使って下から上へとラケットを振り、ボールを引っかけるイメージで回転をかける

ヒザを曲げて腰を落として力をタメる

ヒザを伸ばしながらボールの上部を引っかけるようにインパクト

渡辺勝男の熱血アドバイス

最初はゆっくりとしたリズムで球を出そう

多球練習において、球出しする人に気をつけてほしいのは、ポンポンと速く出すのではなく、最初はゆっくりとしたリズムから始めてほしいということです。特に初心者に対して速いリズムで出すのは NG。初心者では、そのリズムについていけず、打つことができません。また、初心者ではなくても、初めて挑戦するコースやパターンのときは、ゆっくりとしたリズムで球出しをしてあげましょう。卓球には、速く動けとか速く振れという風潮がありますが、最初はゆっくりで、そこから徐々に速くしていけば必ずできるようになります。最初から速い球出しをしても、動きがバラバラになって逆効果になってしまうので、注意してください。

熱血親父の お悩み相談室

悪い部分はわかるけれど、どう直していいのかわからない。
どう指導してあげればいいのか……など、
選手や指導者でそんな悩みを持たれた方もいるはず。
そこで、技術や技能の悩みについて、
35年以上の指導歴を持つ著者がお答えします。

Q バックハンドの打球に威力がありません

A 間違ったグリップをしている可能性があります

オススメ練習

意識して練習してみよう！

Menu034 … 切り返しミドル
Menu039 … バック・フォア大小
Menu040 … 切り返しバック・フォア

フォアハンドからバックハンドに切りかえる際、グリップを持ちかえて親指を立てて打っていませんか？　正しいグリップ（P8参照）で打てば、バックハンドが安定し、フォアハンドからバックハンドへのコンビネーションもスムーズになるはずです。

Q 打球が安定しなくて困っています

A スタンスを見直してみましょう

オススメ練習

Menu032 … フットワーク小
Menu033 … フォア・バック小
Menu034 … 切り返しミドル

スタンスが広すぎたり、逆に狭すぎたりすると下半身が安定せず、ボールをうまく打つことができません。適切な幅に足を広げ、カカトが内側に来るように構えれば（P9参照）、打球も自然と安定して狙ったコースに打てるようになると思います。

Q 打球時のバランスが悪いと言われます

A 足腰で踏ん張りながら打ってみましょう

いわゆる"棒立ち"のようになっていて、足腰に踏ん張りがない状態で打っていることが考えられます。正しいスタンス（P9参照）を取り､太もも（ヒザの上辺り）に力を入れて、しっかりと床に対して踏ん張ってみてください。その際、頭を少し前に出して前傾姿勢を取ることも大切です。体の軸がブレないようになれば、思い切りスイングをしても、体のバランスが崩れないので、打球が安定し、なおかつ強いボールが打てるようになります。

オススメ練習

Menu084 … フォアミート打ち
Menu085 … バックミート打ち
Menu094 … ツッツキからの仕掛け②（ミート打ちで行う）

Q ラケットの芯で上手にボールをとらえられません

A バックスイングの位置が低くなっているかもしれません

バックスイングをボールよりも下に引いてしまうと、ラケットの位置が低くなり、おのずと下から上へ向かうスイングになってしまいます。そうなっては、なかなか芯でとらえるのは難しい。バックスイングはラケットの位置をボールの高さと平行に保つくらいの感覚で真後ろに引いて、後ろから前にスイングしていけば、ラケットの芯でボールをとらえやすいと思います。まずはフラットの基本的な打ち方を確認してみましょう（P10-13参照）。

オススメ練習

Menu088 … バックツッツキ→回り込み or バックドライブ
Menu090 … フォアツッツキ→バック or フォアドライブ
Menu094 … 回り込みツッツキからドライブ
＊ドライブ部分をすべてミート打ちに変えて行う

Q バックハンドでよくミスをしてしまいます

A バックスイングが遅い可能性があります

オススメ練習

Menu083 …
バックの３点フットワーク
Menu095 …
F・B・F・F
Menu046 …
ドライブで先手を取る②

バックハンドでありがちなのは、バックスイングが遅いため、インパクトが遅れてミスになってしまうケース。正しい構え（P9参照）を取れていれば、懐が深くなるので、相手の動きを見て、腰でタイミングをとりながら、右肩を内側に入れてヒジを大きく曲げましょう。そこからスイングをすれば良いタイミングで打つことができます。

Q フォアハンドでストレートにうまく打てません

A 上体をきちんと捻る意識を持ちましょう

オススメ練習

Menu068 …
回り込みドライブからフラット
Menu069 …
フォアドライブからフォアフラット
Menu027 …
仕掛けパターンB

フォアハンドで相手のバック側へ打つ場合は、上体をしっかりと捻らなければ打つことができません。バックスイングを取ったあとは、腰の右側が動かないように意識しながら、左肩を少し顔のほうに回すことで上体が捻られ、腰の入った良いスイングができるようになります。

Q フラットのインパクトでラケットをかぶせることができない

A 弧を描くような軌道のスイングをしてみましょう

オススメ練習

Menu079 …
切り返し回り込み
フラット３点打ち分け
Menu080 …
切り返しBフラット３点打ち分け
Menu081 …
切り返しFフラット３点打ち分け

ラケット面が最初から下を向きすぎていると、芯でボールをとらえるのが難しく、上回転をかけるためにラケットをかぶせることもできません。バックスイング時には少しだけラケット面を下に向け、顔の前をラケットが通るように少し弧を描くイメージでスイングしてみましょう。インパクト時にボールの少し上をかぶせるイメージで打てば安定すると思います。

Q フットワークの動きがぎこちない、または小さい

A ボールを打ちながら動いていませんか

オススメ練習

Menu038 … B＋フットワーク大小
Menu053 … ロングドライブでのラリー
Menu023 … 仕掛けパターンA

打球時はしっかりと止まって打つことが基本で、動きながら打ってしまうのはNG。正しい2歩動のフットワーク（P65参照）を意識しながら、打ってから動くというリズムを大切にしてみましょう。また、大きくしっかりとしたフットワークでバックスイングと同時に上体を捻ると、良いタイミングでボールを打つことができますよ。

Q 回り込みでミスが多く、打球に威力もありません

A 回り込み方が小さく、思いきって攻撃できていないかも

オススメ練習

Menu029 … 仕掛けパターンA
Menu031 … 仕掛けパターンC
Menu055 … ブロックから下がってドライブ戦②

回り込み方が小さいと打球に威力は出ません。また、戻りを意識した正しいスイングで打てばミスは減ると思います。左足を小さく進行方向へ動かしたあと、次に右足を左足の後ろにつけるようにし、同時に左足で大きく踏み込んで回り込みましょう。右足に体重移動するように打てば、回り込み後の返球にも対応できます。

Q フォア前・バック前での動きが遅いです

A 短いサーブが来たらすぐに反応。戻りも意識して

オススメ練習

Menu041 … バック前フリックからの仕掛け①
Menu043 … フォア前フリックからの仕掛け①
Menu044 … フォア前フリックからの仕掛け②

相手が短いサーブを出して、それがフリックできるような甘い球だった場合、素早く前にダッシュするように詰めていく必要があります。また、右足を大きく踏み込んでフリックしたあとは、右足で床を蹴って元の位置に戻ることも意識しましょう。正しい足運び（P20-21参照）を心がけてください。打点が高くなるので安定したフリックが打てるようになると思います。

丸善クラブ紹介

あきらめずに熱意を持って取り組んでほしい

私が指導をするうえで大切にしていることは、私の卓球に対する考えや教え方などではなく、“どうすれば子どもたちが成長していけるのか”ということです。クラブにいる大勢の子どもたちを同時に成長させていくためには、全員に同じように愛情を注いであげなければいけません。才能のある選手がいたからといって、その子だけに手をかけるなどをしていては、他の選手が伸びるわけがありませんよね。

そして、私は３年間をスパンに考えて選手を指導していますから、すぐに勝ち負けにこだわるということもしていません。卓球をはじめて１年目や２年目の試合で負けたとしても構わない。初心者のときこそ時間をかけて指導をして、勝負の３年目に結果を出そう、ということで選手とともに頑張っています。

本書を手にとって頂いた方に伝えたいのは、自分で考えてほしいということです。本を見たからといって、すぐにできました……ということはないはずです。本書をヒントとして選手や指導者がそれぞれ考えることで、一生懸命理解できるようにしてもらいたい。理解する前にあきらめてしまう人も多いですが、私は選手があきらめても私が絶対にあきらめないから、最終的には選手ができるようになりました。そうした熱意を持って取り組んでほしいと思います。

渡辺勝男　わたなべ・かつお

●1943年生まれ、東京都出身。小学校時代に卓球をはじめ、高校まで卓球部に所属する。高校卒業後も実業団でプレーした後、35歳から本格的に子どもたちへの指導を開始。全国ホープスでの２度の優勝など、教え子が好成績を挙げている。さまざまなパターンの多球練習を独自に作成し、すぐに勝つ卓球ではなく、子どもたちの将来を考えた指導をモットーとしている。愛称は「熱血親父」。

協力 丸善クラブ

東京都・八王子市にある丸善卓球センターにて活動。小学生から高校生のジュニアのみならず、中高年の方へ向けたラージボールなどのレッスンも盛んに行っている。アトランタ・アテネ五輪で卓球男子代表として出場した遊澤亮をはじめ、渡辺監督が指揮を執るジュニアチームからは全国大会での優勝経験者も多数輩出。

公式 HP www.maruzenclub.com

実演 手塚元彌・中3、
内山和也・高3、
青柳　遼・高3、
野口達見・高3（左から）

協　　力／Nittaku
デザイン／有限会社ライトハウス
黄川田洋志、井上菜奈美、田中ひさえ、
今泉明香、藤本麻衣、新開宙、福本桃子
写　　真／菅原淳
編　　集／吉井信行、三上慎之介（ライトハウス）

差《さ》がつく練習法《れんしゅうほう》
卓球《たっきゅう》　渡辺《わたなべ》勝男《かつお》式《しき》　多球練習《たきゅうれんしゅう》

2015年6月20日　第1版第1刷発行

著　　者／渡辺勝男《わたなべかつお》

発 行 人／池田哲雄
発 行 所／株式会社ベースボール・マガジン社
〒101-8381
東京都千代田区三崎町3-10-10
電話　03-3238-0181（販売部）
　　　025-780-1238（出版部）
振替口座　00180-6-46620
http://www.sportsclick.jp/
印刷・製本／広研印刷株式会社

Printed in Japan
ISBN978-4-583-10831-5 C2075